Vorwort

Die Broschüre „Praxiswissen Arbeitsrecht“ bietet schnelle Informationen für die Praxis, z.B. für Beratungsgespräche mit Kolleginnen und Kollegen. Für weiter- und tiefergehende Informationen müssen angesichts der Komplexität und Kompliziertheit des Arbeitsrechts zusätzliche Informationsquellen wie Gesetzestexte, Kommentare und andere Fachliteratur das „Praxiswissen Arbeitsrecht“ ergänzen.

Praxiswissen erscheint jeweils zum Jahresanfang. Wir können damit in dieser Ausgabe alle Änderungen und Neuerungen berücksichtigen, die bis Ende 2025 im Arbeitsrecht eingetreten sind.

Im Praxiswissen wollen wir die grundsätzlichen Begriffe des allgemeinen Arbeitsrechts anschaulich darstellen. Wir stellen daneben auch das Arbeitsrecht der evangelischen Kirche und ihrer Diakonie dar. Es kann dabei aber nicht auf alle (tariflichen) Besonderheiten in der evangelischen Arbeitsrechtslandschaft eingegangen werden.

Kritik und Anregungen der Leserinnen und Leser sind selbstverständlich immer willkommen. Bewährtes kann durch Ihre Mitarbeit noch besser werden.

Detlev Fey im Dezember 2025

Autor

Detlev Fey (Hrsg.) ist stellvertretender Schriftleiter der ZMV und war bis zum Beginn seines Ruhestands Mitte 2023 im Hauptberuf als Oberkirchenrat und Referatsleiter für Arbeitsrecht und Organisationsberatung bei der Evangelischen Kirche in Deutschland tätig. Er ist (Mit-)Autor diverser arbeitsrechtlicher Veröffentlichungen, z.B. des Kommentars zum Mitarbeitervertretungsrecht der ev. Kirche oder des Kommentars zu den Arbeitsvertragsrichtlinien der Diakonie Deutschland. Daneben ist er als Seminarreferent im Arbeitsrecht tätig.

Anregungen und Kritik richten Sie bitte an:

KETTELER-VERLAG GmbH
ZMV-Redaktionsbüro, Ingrid Meyer
Sachsenstraße 5, 71083 Herrenberg
Telefon: 07032/79963-11
E-Mail: zmv-redaktion@ketteler-verlag.de
Internet: www.zmv-online.de

Impressum

Herausgeber: Detlev Fey

ISBN 978-3-944427-57-7

Bernhard-Letterhaus-Straße 26, 50670 Köln

Bezugsquelle:
KETTELER-Verlag GmbH, Niederlassung
Schloßhof 1, 93449 Waldmünchen
Telefon 09972/9414-51

E-Mail: kontakt@ketteler-verlag.de
Internet: www.ketteler-verlag.de

Die Deutsche Nationalbibliothek verzeichnet diese Publikation in der Deutschen Nationalbibliografie; detaillierte bibliografische Daten sind im Internet abrufbar über http://dnb.de.

Stichworte

Literatur

- Amtliches Lohnsteuer-Handbuch 2026, Bundesministerium der Finanzen (Hrsg.)
- *Anzinger/Koberski*, Kommentar Arbeitszeitgesetz, 5. Auflage 2020, Deutscher Fachverlag
- Arbeitsvertragsrichtlinien der Diakonie Deutschland, Kommentar, Loseblattausgabe mit Fortsetzungsbezug oder Online Version, Otto Bauer Verlag
- *Deppisch/Jung/Schleitzer*, Praxis der Mitarbeitervertretung von A bis Z – evangelische Kirche und Diakonie, 6. Auflage 2025, Bund-Verlag
- *Fey/Joussen/Steuernagel*, Das Arbeits- und Tarifrecht der Evangelischen Kirche, 2. Auflage 2023, C.H.BECK
- *Fey/Rehren*, MVG-EKD PraxisKommentar, Loseblattausgabe mit Fortsetzungsbezug oder Online-Version, Otto Bauer Verlag
- *Fey/Schwarz-Seeberger †*, Kommentar zu den AVR Diakonie-Bayern, Loseblattausgabe mit Fortsetzungsbezug oder Online-Version, Otto Bauer Verlag
- *Hablizel/Bößmann*, Eingruppierung und leistungsbezogene Bezahlung nach dem TVöD, Loseblattwerk inkl. CD und Online-Zugang, WEKA MEDIA
- *Joussen/Mestwerdt/Nause/Spelge*, MVG-EKD-Kommentar, 2. Auflage 2023, C.H.Beck
- *Müller-Glöge/Preis/Gallner/Schmidt*, Erfurter Kommentar zum Arbeitsrecht, 26. Auflage 2026, C.H.BECK

- *Richardi/Spelge*, Arbeitsrecht in der Kirche, 9. Auflage 2025, C.H.BECK
- *Richartz*, Arbeitszeugnisse in Kirche, Caritas und Diakonie, 2021, KETTELER-Verlag
- *Rinck/Böhle/Pieper/Geyer*, Beck'scher Online-Kommentar zum TVöD, 74. Edition
- *Schaub*, Arbeitsrechts-Handbuch, 21. Auflage 2025, C.H.BECK

Gesetzestexte und Sammlungen kirchlicher Arbeitsvertragsordnungen

- Arbeitsvertragsrichtlinien für Einrichtungen, die der Diakonie Deutschland angeschlossen sind (AVR.DD.EKD), Otto Bauer Verlag
- Arbeitsgesetze, Beck-Texte im dtv, 108. Auflage 2026

Fachzeitschrift

Die Mitarbeitervertretung (ZMV), auch online mit den Heftinhalten ab 2000 verfügbar – sowie eine Rechtsprechungsdatenbank mit Volltextsuche, KETTELER-Verlag

Anschriften

- Bundeskonferenz der Arbeitsgemeinschaften der Mitarbeitendenvertretungen und Gesamtausschüsse im Bereich der Diakonie Deutschland
  Heinrich-Wimmer-Straße 4, 34131 Kassel
  Telefon 0561/9307-1993
- Gesamtausschuss der Mitarbeitendenvertretungen in der Evangelischen Kirche in Deutschland
  Heinrich-Wimmer-Straße 4, 34131 Kassel
  Telefon 0561/9307-1993

- Ständige Konferenz der Gesamt-Mitarbeitendenvertretungen und Gesamtausschüsse im Bereich der EKD, c/o Kirchenamt der EKD, Herrenhäuser Straße 12, 30419 Hannover, Telefon 0561/93781990
- Vereinigung kirchlicher Mitarbeitendenverbände Deutschland (VKM-D), Josef-Baumann-Straße 21, 44805 Bochum, Telefon 0231/579743

Internet-Adressen

- Bundesarbeitsgericht: www.bundesarbeitsgericht.de
- Bundeskonferenz der Mitarbeitendenvertretungen in der Diakonie: https://buko-diakonie.de
- Bundesministerium für Arbeit und Soziales: www.bmas.de
- Bundesrecht: www.bundesrecht.de
- dbb beamtenbund und tarifunion: www.dbb.de
- Evangelische Fachstelle für Arbeits- und Gesundheitsschutz: www.efas-online.de
- KETTELER-Verlag GmbH: www.ketteler-verlag.de
- Kirchenrecht der evangelischen Kirche: www.kirchenrecht-ekd.de
- Kirchengerichte der EKD: www.ekd.de
- Ständige Konferenz der Gesamtausschüsse in der EKD: www.staeko-ekd.de
- ver.di: www.verdi.de
- VKM-D: www.vkm-d.de
- Zeitschrift „Die Mitarbeitervertretung – ZMV“: www.zmv-online.de
- Zusatzversorgungskassen: www.ezvk.de (stellvertretend für Evangelische Kirche und Diakonie)

Abfindung

Abfindung ist die finanzielle Entschädigung durch den Arbeitgeber für den Verlust des Arbeitsplatzes. Es gibt drei Fälle, in denen Abfindungen vorgesehen sind: Bei betriebsbedingten Kündigungen entsteht ein Abfindungsanspruch, wenn der/die Mitarbeitende keine Kündigungsschutzklage erhebt (§ 1a KSchG). Der Anspruch auf diese Form der Abfindung setzt voraus, dass der Arbeitgeber in der Kündigungserklärung darauf hinweist. Daneben können Abfindungsansprüche durch gerichtlichen Vergleich sowie bei rechtswidrig ausgesprochenen Kündigungen entstehen. Auch in Auflösungsverträgen können Abfindungen vereinbart werden. Die Regelabfindung beträgt ein halbes Monatsgehalt je Beschäftigungsjahr (§ 1a Abs. 2 KSchG), höhere Abfindungen sind je nach wirtschaftlicher oder sozialer Härte für den/die Mitarbeitende/n sowie finanzieller Leistungsfähigkeit des Arbeitgebers möglich (vgl. auch § 1a sowie § 10 KSchG). Zum anderen kann das Arbeitsgericht den Arbeitgeber zur Zahlung einer Abfindung verurteilen, wenn die Kündigung unwirksam, der Arbeitnehmerin bzw. dem Arbeitnehmer der Fortbestand des Arbeitsverhältnisses aber nicht zuzumuten ist (§§ 9, 10 KSchG). Bei rechtmäßiger Kündigung des Arbeitsverhältnisses besteht kein Abfindungsanspruch.

Gelten für das Arbeitsverhältnis die AVR Diakonie, regelt § 8 der Sicherungsordnung die (Mindest-)Höhe der Abfindung bei betriebsbedingtem Ausscheiden, gestaffelt nach Lebensalter und Dauer der Betriebszugehörigkeit. In einigen evangelischen Landeskirchen existieren ebenfalls Sicherungsordnungen, in denen Abfindungsansprüche bei betriebsbedingter Beendigung von Arbeitsverhältnissen geregelt sind (z.B. Ev.-Luth. Kirche in Bayern, Ev. Kirche in Hessen und Nassau, Ev.-Luth. Landeskirche Sachsens).

Auch Sozialpläne nach § 40 Buchst. f MVG-EKD aus Anlass der (Teil-)Schließung von Einrichtungen oder anderen Organisationsänderungen mit negativen Konsequenzen für die Mitarbeiterschaft enthalten in der Regel Abfindungsregelungen. Im Kündigungsschutzprozess können Abfindungen als Vergleich zwischen den Parteien vereinbart werden.

Abfindungen sind zwar sozialversicherungsfrei, jedoch in vollem Umfang steuerpflichtig. Steuerrechtlich gilt die „Fünftel-Regelung" (§§ 34, 39 Abs. 1 S. 9 EStG), das heißt die Abfindung wird so behandelt, als würde sie über fünf Jahre verteilt ausgezahlt.

Vgl. ZMV 5/2016, S. 272

Abmahnung

Abmahnung ist das arbeitsrechtliche Instrument, um Verstöße des Arbeitnehmenden gegen arbeitsvertragliche Leistungs-, Verhaltens- und Vertrauenspflichten zu rügen. Der/die Mitarbeitende erhält vom Arbeitgeber die Warnung, dass sein Fehlverhalten nicht akzeptiert wird und er im Wiederholungsfall mit der Kündigung seines Arbeitsverhältnisses rechnen muss.

Die kündigungsschutzrechtliche Abmahnung muss daher drei Funktionen erfüllen:

1. Hinweisfunktion
   (= konkrete Beschreibung des Fehlverhaltens unter Angabe von Ort und Zeit des Verstoßes)
2. Rügefunktion (= Aufforderung, sich in Zukunft vertragskonform zu verhalten)
3. Warnfunktion (= Androhung der Kündigung für den Wiederholungsfall).

Fehlt eine dieser Funktionen, liegt nur eine Ermahnung vor. Da Abmahnungen zu den Personalakten zu nehmen sind, besitzen sie auch eine Dokumentationsfunktion. Aus Gründen der Beweisbarkeit und Rechtssicherheit werden sie in der Regel schriftlich ausgesprochen.

Abmahnungen sind nach dem MVG-EKD aus Gründen des Persönlichkeitsschutzes ohne vorherige Beteiligung der MAV auszusprechen und daher mitbestimmungsfrei. Wenn der/die Mitarbeitende die Hinzuziehung der MAV wünscht, entscheidet die MAV nach pflichtgemäßem Ermessen darüber, ob sie die Interessen des/der Mitarbeitenden gegenüber dem Arbeitgeber vertritt, sofern sie die Interessen für berechtigt hält.

In der Abmahnung müssen die Leistungs- oder Verhaltensmängel hinreichend dargestellt sein und die Rechtsfolgen konkret angedroht werden. Die Rüge der Mängel muss zeitnah geschehen. Eine Abmahnung ist grundsätzlich vor jeder ordentlichen verhaltensbedingten Kündigung erforderlich. Eine vorherige Anhörung des/der Mitarbeitenden ist erforderlich (vgl. auch § 4 Abs. 2 AVR Diakonie). Der/die Mitarbeitende hat das Recht, eine Stellungnahme zu der Abmahnung abzugeben, die zur Personalakte zu nehmen ist. Die Abmahnung kann vor dem Arbeitsgericht angefochten werden.

Das BAG hat festgestellt (19.7.2012 – 2 AZR 782/11), dass der Arbeitnehmer die Entfernung einer zu Recht erteilten Abmahnung aus seiner Personalakte verlangen kann, wenn das gerügte Verhalten für das Arbeitsverhältnis in jeder Hinsicht bedeutungslos geworden ist. Auf die Entfernung der Abmahnung aus der Personalakte besteht ein Rechtsanspruch, wenn die Abmahnung ihre Warnfunktion verloren hat. Dies bedeutet, dass Abmahnungen nicht nach Ablauf von Regelfristen (z.B. 2 oder 3 Jahre) aus der Personalakte zu entfernen sind, sondern dass für jeden einzelnen Fall eine individuelle Überprüfung der näheren Umstände zu erfolgen hat.

Vgl. BAG, 9.9.2015, ZMV 4/2016, S. 236; LAG Köln, 6.9.2016, ZMV 5/2017, S. 286; siehe auch ZMV 1/2025, S. 3; 6/2019, S. 301

Änderungskündigung

Die Änderungskündigung ist ein aus zwei Willenserklärungen zusammengesetztes Rechtsgeschäft:

- einer Beendigungskündigung in Bezug auf das bestehende Arbeitsverhältnis und
- einem Vertragsangebot über die Fortsetzung des Arbeitsverhältnisses zu geänderten Bedingungen (§ 2 KSchG).

Für den ersten Teil, die Beendigungskündigung, müssen die formellen und materiellen Voraussetzungen einer Kündigung vorliegen. Erforderlich ist ein Kündigungsgrund, die Kündigungsfristen müssen eingehalten werden etc. Aufgrund des „Ultima-Ratio-Prinzips“ (letztes mögliches Mittel) der Beendigungskündigung muss der Arbeitgeber vor deren Ausspruch prüfen, ob eine Fortsetzung des Arbeitsverhältnisses unter geänderten Bedingungen möglich ist.

Die Änderungskündigung muss schriftlich nach Beteiligung der MAV unter Einhaltung der Kündigungsfrist erfolgen. Nach § 42 Buchst. b MVG-EKD unterliegt sie der eingeschränkten Mitbestimmung.

Fällt das Arbeitsverhältnis unter den Geltungsbereich des Kündigungsschutzgesetzes (s. „Kündigungsschutzklage“, S. 58 f.), kann der/die Mitarbeitende das Vertragsangebot unter dem Vorbehalt annehmen, dass die Kündigung sozial ungerechtfertigt ist, und dementsprechend innerhalb der Dreiwochenfrist (§ 4 KSchG) Klage vor dem Arbeitsgericht erheben. Der Arbeitgeber kann eine Frist für die Annahme des Änderungsangebots setzen. Grundsätzlich kann eine Änderungskündigung aus wichtigem Grund außerordentlich („fristlos“ oder mit Auslauffrist) erfolgen. Hierfür gelten dieselben Voraussetzungen wie für die außerordentliche Beendigungskündigung.

Gegenüber tariflich unkündbaren Beschäftigten kann eine außerordentliche Änderungskündigung zum Zwecke der Herabgruppierung um eine Vergütungsgruppe ausgesprochen werden (§ 31 Abs. 2 AVR Diakonie, TVöD und TV-L sehen diese Möglichkeit nicht vor).

BAG, 18.5.2006, ZMV 1/2007, S. 43; zur Beteiligung der MAV, BAG, 22.10.2015, ZMV 2/2016, S. 110

Allgemeines Gleichbehandlungsgesetz (AGG)

Mit dem AGG sollen ungerechtfertigte Benachteiligungen im Zivil- und insbesondere im Arbeitsrecht verhindert bzw. sanktioniert werden. Verhindert oder sanktioniert werden Diskriminierungen wegen

- der Rasse oder der ethnischen Herkunft,
- des Geschlechts,
- der Religion und der Weltanschauung,
- der Behinderung,
- des Alters und
- der sexuellen Identität.

Einen guten Überblick über die Inhalte des AGG bietet die von der Ev. Kirche in Deutschland und dem Verband der Diözesen Deutschlands herausgegebene interaktive Lernsoftware, die zugangsfrei und kostenlos im Internet zur Verfügung steht (www.agg-schule.de).

Zugunsten der Religionsgemeinschaften enthält § 9 AGG besondere Regelungen, die es z.B. ermöglichen, die Religionszugehörigkeit als Einstellungsvoraussetzung vorzusehen. Streitig ist, ob kirchliche Arbeitgeber für Tätigkeiten, die nicht unmittelbar im Bereich „Verkündigung und Seelsorge" liegen, eine bestimmte Religionszugehörigkeit verlangen können. Mit Urteil vom 25.10.2018 (8 AZR 501/14, ZMV 6/2018, S. 222) hat das BAG festgestellt, dass die Kirchenzugehörigkeit von kirchlichen Arbeitgebern nur gefordert werden kann, wenn ansonsten das Ethos (das religiös geprägte Bewusstsein der Kirche) wahrscheinlich und wesentlich gefährdet würde. Die Diakonie hat Verfassungsbeschwerde gegen das Urteil des BAG eingelegt.

Das Bundesverfassungsgericht hat am 29. September 2025 der Verfassungsbeschwerde stattgegeben und die Sache an das BAG zurückverwiesen, das erneut zu entscheiden hat und dabei dem kirchlichen Selbstbestimmungsrecht mehr Bedeutung beimessen muss.

Vgl. ZMV 1/2026; 2/2016, S. 10; 1/2015, S. 4; 6/2007, S. 277; 6/2006, S. 277

Arbeitnehmerüberlassung/Leiharbeit

Ein Leiharbeitsverhältnis liegt vor, wenn ein Arbeitgeber (Verleiher) einen Leiharbeitnehmer beschäftigt und diesen einem Dritten (Entleiher) für eine begrenzte Zeit im Rahmen einer wirtschaftlichen Tätigkeit zur Arbeitsleistung überlässt. Den gesetzlichen Rahmen für Leiharbeit bildet das Arbeitnehmerüberlassungsgesetz (AÜG), so dass Leiharbeit vielfach als Arbeitnehmerüberlassung betitelt wird. Das AÜG begrenzt seit der AÜG-Reform 2017 Arbeitnehmerüberlassung auf längstens 18 aufeinander folgende Monate bei dem Arbeitgeber, bei dem der jeweilige Einsatz erfolgt. Arbeitnehmerüberlassung nach dem AÜG bedarf der Erlaubnis durch die Agentur für Arbeit – entweder pauschal oder im Einzelfall. Die Erlaubnispflicht gilt grundsätzlich auch für Arbeitnehmerüberlassung im Bereich von Kirche, Caritas und Diakonie. Das AÜG ist nicht anzuwenden, wenn auf beiden Seiten der Überlassung juristische Personen des öffentlichen Rechts stehen und kirchliche Arbeitsrechtsregelungen angewandt werden (§ 1 Abs. 3 Nr. 2c AÜG). Das Gesetz findet somit keine Anwendung auf den Bereich der verfassten Kirche. Bei der Arbeitnehmerüberlassung besteht ein Vertrag zwischen Verleiher und Entleiher, der die entgeltliche Überlassung von Arbeitskräften zum Gegenstand hat. Arbeiten im Rahmen von Werkverträgen, selbstständigen Dienst- oder Dienstverschaffungsverträgen sowie Geschäftsbesorgungsverträgen werden nicht vom AÜG erfasst. Existiert für Leiharbeitnehmer beim Arbeitgeber keine spezielle tarifliche Regelung, so haben sie während der Überlassung an einen Entleiher grundsätzlich Anspruch auf die gleichen wesentlichen Arbeitsbedingungen einschließlich des Arbeitsentgelts, wie vergleichbare Arbeitnehmer des Entleihers.

Vgl. ZMV 1/2017, S. 36; 6/2016

Zur Mitbestimmung der MAV vgl. KGH.EKD, 2.4.2008, und 9.10.2006, ZMV 1/2009, S. 39 und 2/2007, S. 92.

Vgl. Oberthür, Neuregelung des Arbeitnehmerüberlassungsgesetzes, Eichstätter Schriften Band 3, 2017, S. 63 ff.

Arbeitslosengeld I

Anspruch auf Arbeitslosengeld I haben Arbeitnehmer/innen, die sich bei der Agentur für Arbeit arbeitslos gemeldet haben und mindestens zwölf Monate in einem in der Arbeitslosenversicherung versicherungspflichtigen Arbeitsverhältnis gestanden haben (§ 136 i.V.m. § 142 SGB III). Weiterhin müssen sie sich darum bemühen, die Beschäftigungslosigkeit zu beenden und der Agentur für Arbeit zur Vermittlung zur Verfügung stehen. Die Anspruchsdauer beträgt – gestaffelt nach der Dauer der versicherungspflichtigen Tätigkeit – sechs bis achtzehn Monate (§ 150 SGB III), wobei eine Anspruchsdauer von mehr als zwölf Monaten nur zugunsten von Personen besteht, die bereits das 55.

Lebensjahr vollendet haben. Das Arbeitslosengeld beträgt bei kinderlosen Arbeitslosen 60 %, bei Arbeitslosen, die mindestens ein Kind haben, 67 % des pauschalierten Nettoentgelts. Das pauschalierte Nettoentgelt wird aus den Bruttobezügen ermittelt, das die/der Arbeitslose im Jahr vor der Entstehung des Anspruchs bezogen hat (§ 151 i.V.m. § 154 SGB III).

Arbeitsrechtsregelungsgrundsätzegesetz

Im Arbeitsrechtsregelungsgrundsätzegesetz der EKD (ARGG-EKD, s. www.kirchenrecht-ekd.de) sind die wesentlichen Bestimmungen für die Verfahren der kirchlichen Arbeitsrechtssetzung enthalten. Als Verfahren der Sozialpartnerschaft sind dabei das Kommissionsmodell des Dritten Wegs und das Modell des kirchlichen Tarifvertrags gleichberechtigt nebeneinandergestellt. Mit dem Kirchengesetz sollen u.a. die Vorgaben des BAG aus den „Streikurteilen" vom 20.11.2012 erfüllt werden: ausreichende Möglichkeiten der koalitionsmäßigen Betätigung der Gewerkschaften im kirchlichen Bereich, verbindliche Schlichtung sowie zwingende Geltung der Arbeitsrechtsregelungen/Tarifverträge für die kirchlichen und diakonischen Arbeitgeber. Das Kirchengesetz sieht darüber hinaus auch ein Zugangsrecht der Gewerkschaften zu den kirchlichen und diakonischen Einrichtungen vor.

Vgl. ZMV 1/2014, S. 2.

Arbeitsunfähigkeit (krankheitsbedingt)

Krankheitsbedingte Arbeitsunfähigkeit ist von dem/der Mitarbeitenden unter Angabe der voraussichtlichen Dauer unverzüglich dem Arbeitgeber mitzuteilen. Der Arbeitgeber hat grundsätzlich keinen Anspruch, die Krankheitsgründe zu erfahren. Dies gilt auch für Fortsetzungserkrankungen. Eine Ausnahme hiervon liegt vor, wenn die Art der Erkrankung besondere Maßnahmen des Arbeitgebers zum Schutz anderer fordert. Dauert die Arbeitsunfähigkeit länger als drei Kalendertage, muss dem Arbeitgeber spätestens an dem darauffolgenden Arbeitstag eine ärztliche Bescheinigung über die Dauer der Arbeitsunfähigkeit vorgelegt werden.

▪ Arbeitsunfähigkeitsbescheinigung

Der Arbeitgeber ist aufgrund von § 5 Abs. 1 Entgeltfortzahlungsgesetz berechtigt, die Bescheinigung früher als nach drei Tagen Arbeitsunfähigkeit zu verlangen. Die Meldung der Arbeitsunfähigkeit an die Krankenkassen durch die Arztpraxen erfolgt i.d.R. seit 1. Januar 2022 digital.

Seit dem 1. Januar 2023 ist der Arbeitgeber verpflichtet, am elektronischen Verfahren teilzunehmen und die digitale Bescheinigung selbst bei der Krankenkasse abzurufen.

Seit Anfang 2024 besteht die Möglichkeit, dass der/die Arbeitnehmer/in der behandelnden Ärztin / dem behandelnden Arzt leichtere Erkrankungen im Videogespräch oder telefonisch anzeigen kann, wenn sie/er der Ärztin / dem Arzt bekannt ist. Dies gilt für Arbeitsunfähigkeiten von bis zu sieben Kalendertagen.

Vgl. ZMV 6/2024, S. 305 ff.; 5/2024, S. 249 ff.; 6/2021, S. 331; 2/2020, S. 75; 5/2016, S. 299

▪ Entgeltfortzahlung

Nach den Mindestbedingungen des Entgeltfortzahlungsgesetzes (EFZG) haben Arbeitnehmer/innen einen Rechtsanspruch gegenüber ihrem Arbeitgeber auf Entgeltfortzahlung im Krankheitsfall für die Dauer von sechs Wochen und zwar für jede eigene Krankheitsart (§ 3 Abs. 1 EFZG).

Erkrankt hingegen der Arbeitnehmer mehrfach an derselben Krankheit, so wird dieser Anspruch innerhalb von 12 Monaten – gerechnet von der ersten Arbeitsunfähigkeit – auf insgesamt sechs Wochen begrenzt. Liegt zwischen zwei selben Erkrankungen ein Zeitraum von sechs Monaten, entsteht ein neuer Anspruch auf Entgeltfortzahlung von sechs Wochen. In diesem Fall beginnt auch die vorgenannte 12-Monats-Frist neu zu laufen. Die Frage, ob dieselbe Krankheit vorliegt, klärt im Regelfall die jeweilige Krankenkasse, da der Arbeitnehmer grundsätzlich nicht verpflichtet ist, dem Arbeitgeber die Krankheitsart mitzuteilen. Die Frage, ob eine Entgeltfortzahlung zu gewähren ist, sowie deren Dauer und Höhe, beantwortet allein der Arbeitgeber – nicht die Krankenkasse. Die Krankenkasse hat nur ein Entscheidungs- und Bestimmungsrecht über das von ihr zu zahlende Krankengeld.

▪ Krankengeld

Krankengeld wird aus der gesetzlichen Krankenversicherung wegen derselben Krankheit für längstens 78 Wochen innerhalb eines Blockzeitraums von drei Jahren gewährt. Weil sich der 78-Wochen-Zeitraum am Beginn der Arbeitsunfähigkeit orientiert, werden die 6

Wochen Entgeltfortzahlung angerechnet. Dies bedeutet eine tatsächliche Krankengeldzahlung für 72 Wochen. Die Leistungsdauer wird nicht verlängert, wenn zu derselben Krankheit während des Bezugszeitraums eine zweite Krankheit dazu tritt (sog. Grundsatz der „Einheit des Versicherungsfalls"), welche ebenfalls Arbeitsunfähigkeit zur Folge hat. Das (Brutto-)Krankengeld beträgt nach § 47 SGB V 70 % des regelmäßigen Arbeitsentgelts vor der Krankheit; es ist auf maximal 90 % des Nettoarbeitsentgelts beschränkt. Das Krankengeld ist grundsätzlich beitragspflichtig zur Renten-, Arbeitslosen- und Pflegeversicherung.

- **Krankengeld bei Erkrankung des Kindes**

Krankengeld bei Erkrankung des Kindes (Kinderpflegekrankengeld) ist eine Leistung für Versicherte in der gesetzlichen Krankenkasse (§ 45 SGB V). Es wird gezahlt, wenn es nach ärztlichem Zeugnis erforderlich ist, dass der/die Mitarbeitende zur Betreuung des erkrankten Kindes der Arbeit fernbleiben muss und das Kind das 12. Lebensjahr noch nicht vollendet hat oder behindert und auf Hilfe angewiesen ist (vgl. § 45 SGB V).

Seit 2024 werden 15 Kinderkrankengeldtage pro Kind gewährt, für Alleinerziehende pro Kind 30 Arbeitstage. Die Gesamtzahl der jährlichen Anspruchstage pro Elternteil beläuft sich seitdem auf 35 Arbeitstage (statt 25) und für Alleinerziehende auf insgesamt 70 Arbeitstage pro Jahr (statt 50).

Vgl. ZMV 1/2025, S. 32; 2/2020, S. 75; 3/2013, S. 154; 2/2013, S. 74; 4/2007, S. 165; 5/2006, S. 271; 4/2005, S. 216; 6/2002, S. 285

▪ Krankengeldzuschuss

TVöD/TV-L, AVR Diakonie wie auch BAT-KF enthalten Regelungen, die zugunsten der Beschäftigten über die Mindestregelungen des Entgeltfortzahlungsgesetzes und den sechswöchigen Lohnfortzahlungsanspruch hinausgehen. Erkrankt der/die Mitarbeitende länger als sechs Wochen, wird – ergänzend zum Krankengeld (der Krankenkasse) – vom Arbeitgeber ein Krankengeldzuschuss gezahlt.

§ 24 AVR Diakonie sieht für alle Mitarbeitenden nach der sechsten Arbeitsunfähigkeitswoche ein Zuschusssystem vor, das grundsätzlich § 22 TVöD/TV-L entspricht. Nach § 22 Abs. 3 TVöD/TV-L wird der Krankengeldzuschuss bei einer Beschäftigungszeit von mehr als einem Jahr bis Ende der 13. Woche und bei einer Beschäftigungszeit von mehr als drei Jahren bis Ende der 39. Woche seit Beginn der Arbeitsunfähigkeit in Folge derselben Krankheit gezahlt. Mit der Formulierung „seit Beginn der Arbeitsunfähigkeit" wird deutlich, dass die sechswöchige Gehaltsfortzahlung angerechnet wird. Dies bedeutet: nur sieben Wochen bzw. 33 Wochen Krankengeldzuschuss durch den Arbeitgeber. Als Zuschuss wird der Unterschiedsbetrag zwischen den tatsächlichen Barleistungen des Sozialleistungsträgers und dem Nettoentgelt gezahlt.

Da Krankengeldzuschuss nur dann gezahlt werden kann, wenn eine entsprechende Bescheinigung der Krankenkasse über die Dauer und Höhe des Krankengelds vorliegt, obliegt es dem/der Mitarbeitenden diese dem Arbeitgeber unverzüglich vorzulegen. Verspätete Vorlagen können zum Verlust des Krankengeldzuschusses führen, weil entsprechende Ausschlussfristen gelten.

Krankengeldzuschuss ist steuerpflichtiges Arbeitsentgelt im Sinne des § 19 Abs. 1 EStG, § 2 Abs. 2 Nr. 5 LStDV. Da Krankengeldzuschüsse sich aber grundsätzlich zwischen 60,– und 250,– € im Monat bewegen, fällt in den Steuerklassen I, II, III und IV regelmäßig keine Steuer an. In der Sozialversicherung gelten Zuschüsse des Arbeitgebers zum Krankengeld dann nicht als beitragspflichtiges Arbeitsentgelt, wenn sie zusammen mit dem Krankengeld das Nettoarbeitsentgelt um nicht mehr als 50,– € überschreiten (§ 23 c Abs. 1 SGB IV).

Arbeitsunfall

Alle Arbeitnehmer/innen in Deutschland sind gesetzlich gegen Arbeitsunfälle versichert. Im Gegensatz zu den anderen Sparten der Sozialversicherung trägt der Arbeitgeber die Beiträge zur gesetzlichen Unfallversicherung (gUV) allein. Arbeitsunfälle sind Unfälle, die sich während einer Tätigkeit ereignen, in der kraft Gesetzes oder Satzung gesetzlicher Unfallversicherungsschutz besteht (§ 7 SGB VII). Unfälle sind „zeitlich begrenzte, von außen auf den Körper einwirkende Ereignisse, die zu einem Gesundheitsschaden oder zum Tod führen" (§ 8 Abs. 1 S. 2 SGB VII). Versichert ist neben der Tätigkeit selbst auch der direkte Weg zur Arbeitsstätte und zurück bis zur Wohnung. Die gUV gewährt bei Arbeitsunfällen umfangreiche Leistungen:

- Verletztengeld als Lohnersatz,
- Maßnahmen der medizinischen und beruflichen Rehabilitation,

- Unfallrenten etc.

Ansprüche gegen verursachende Dritte können auf den Arbeitgeber übergehen. Arbeitsunfälle sind nach § 193 SGB VII zwingend durch den Arbeitgeber dem zuständigen Unfallversicherungsträger anzuzeigen (Unfallmeldung). Die MAV wirkt nach § 193 Abs. 5 SGB VII bei der Unfallmeldung mit.

Weitere Informationen siehe unter www.vbg.de oder www.bgw-online.de.

Die Fachkraft für Arbeitssicherheit und der/die Betriebsarzt/ärztin sind über das Unfallgeschehen zu informieren. Versichert sind in der gUV auch Personen, die im Auftrag der Kirche für diese ehrenamtlich tätig sind.

Zur Gesetzlichen Unfallversicherung bei Tätigkeit für die Kirchen ZMV 2/2014, S. 74; 1/2014, S. 14

Arbeitsvertrag

Nach § 611a BGB ist Arbeitnehmer/in, „wer auf Grund eines Arbeitsvertrages im Dienste eines anderen zur Leistung weisungsgebundener, fremdbestimmter Arbeit in persönlicher Abhängigkeit verpflichtet ist".

Der Arbeitsvertrag stellt eine Unterform des Dienstvertrags nach §§ 611 ff. BGB dar. Durch den höheren Grad an Abhängigkeit des/r Arbeitnehmers/in vom Arbeitgeber unterscheidet sich der Arbeitsvertrag von anderen Dienstverträgen, z.B. von denen sog. „freier Mitarbeiter/innen". In §§ 2 Abs. 1 TVöD/TV-L, 5 Abs. 4 AVR Diakonie ist festgelegt, dass der Abschluss des Arbeitsvertrags schriftlich zu erfolgen hat. Diese vorstehenden Bestimmungen haben jedoch nur deklaratorischen (rechtsanzeigenden) und keinen konstitutiven (rechtsbegründenden) Wert, so dass auch ein mündlich abgeschlossener Vertrag gültig ist. Damit sind auch mündliche Änderungsverträge rechtswirksam. Für befristete Arbeitsverträge hingegen verlangt § 620 Abs. 3 BGB in Verbindung mit § 14 Abs. 4 TzBfG die Schriftform als zwingende Voraussetzung für die Befristung. Der befristete Arbeitsvertrag muss vor Beginn des Arbeitsverhältnisses (und somit vor Aufnahme der Tätigkeit) abgeschlossen werden; ansonsten ist die Befristung unwirksam und ein Arbeitsverhältnis auf unbestimmte Zeit entstanden. Für Arbeitnehmer/innen, die nicht zur vorübergehenden Aushilfe von höchstens einem Monat eingestellt werden, hat der Arbeitgeber nach § 2 Abs. 1 Nachweisgesetz bis spätestens einen Monat nach der Einstellung die wesentlichen Vertragsbedingungen schriftlich niederzulegen. Dies kann im Arbeitsvertrag oder in einem Protokoll zum Arbeitsvertrag erfolgen. Seit 2025 ist dies auch in Textform möglich.

Mindestbestandteile des Arbeitsvertrags sind insbesondere:

- Name und Anschrift der Vertragsparteien,
- Beginn des Arbeitsverhältnisses,
- bei Befristung:
  Enddatum oder vorhersehbare Dauer,
- Arbeitsort,
- kurze Beschreibung der Tätigkeit,
- Zusammensetzung und Höhe des Arbeitsentgelts (Eingruppierung),

- Dauer der Probezeit,
- vereinbarte Arbeitszeit, Schichtarbeit, Schichtrhythmus sowie eine
- Bezugnahme auf anzuwendende Arbeitsrechtsregelungen oder Tarifverträge

(vgl. § 2 Nachweisgesetz).

Zum Teil ist in einigen Landeskirchen vorgesehen, dass Arbeitsverträge kirchlicher Arbeitgeber der kirchenaufsichtsrechtlichen Genehmigung bedürfen, z.B. durch das Landeskirchenamt. Bis zur Genehmigung bleiben die Verträge „schwebend unwirksam"; rechtsgültig werden sie erst nach der Genehmigung.

Vgl. ZMV 4/2004, S. 49

Die MAV hat keinen Anspruch darauf, dass ihr Arbeitsverträge zur Kenntnis gegeben werden, da sie nicht zur vertraglichen Inhaltskontrolle berechtigt ist. Im Rahmen des Mitbestimmungs- bzw. Zustimmungsverfahrens ist sie über die beteiligungspflichtigen Elemente der geplanten Arbeitsverträge zu informieren (z.B. Einstellung und Eingruppierung).

Vgl. ZMV 2/2010, S. 72

Arbeitszeit

Das Arbeitszeitgesetz bildet die Grundlage für Arbeitszeitregelungen. Nach § 3 ArbZG darf die werktägliche Arbeitszeit der Arbeitnehmer/innen grundsätzlich acht Stunden nicht überschreiten. Sie kann – wenn eine Ausgleichsmöglichkeit besteht – auf zehn Stunden verlängert werden. § 7 Abs. 4 ArbZG erlaubt es den Kirchen, in ihren kollektiven Arbeitszeitregelungen durch Arbeitsbereitschaft, Bereitschaftsdienst und Rufbereitschaft die tägliche 10-Stunden-Grenze zu überschreiten (§ 7 Abs. 1 Nr. 1 Buchst. a ArbZG). Beispiele hierfür sind die Regelungen der Anlage 8 AVR Diakonie (Möglichkeit: 8 Stunden Vollarbeitszeit und 8 Stunden Bereitschaftsdienst). In besonderen Fällen sind (auf der Grundlage einer Dienstvereinbarung) sogar 24-Stunden-Dienste möglich.

Ruhepausen, Sonn- und Feiertagsarbeit sind genau geregelt (§§ 4 ff. ArbZG).

TVöD und TV-L enthalten – jeweils in § 6 – die maßgeblichen Bestimmungen für die regelmäßige durchschnittliche wöchentliche Arbeitszeit. Die regelmäßige wöchentliche Arbeitszeit beträgt für Beschäftigte des Bundes und der Kommunen 39 Wochenstunden. Für die Beschäftigten der Länder, also im TV-L Bereich, gibt es unterschiedliche Arbeitszeiten zwischen 38,5 und 40,1 Wochenstunden (§ 6 TV-L und Anhang hierzu). Eigene Arbeitszeitregelungen finden sich im Ärztebereich. Auch die Arbeitszeitregelungen in Kirche und Diakonie differieren deutlich. Die regelmäßige Wochenarbeitszeit bewegt sich inzwischen in einem Korridor von 38,5 bis 41 Stunden.

Vgl. ZMV 4/2025, S. 182; 4/2016, S. 197; 3/2016, S. 182; 6/2008, S. 297; 3/2001, S. 111; 2/2001, S. 53

Arbeitszeiterfassung

Das Bundesarbeitsgericht hat mit Beschluss vom 13.9.2022 – 1 ABR 22/21 festgelegt, dass der Dienstgeber nach § 3 Abs. 2 Nr. 1 ArbSchG dazu verpflichtet ist, ein (elektronisches) Zeiterfassungssystem einzuführen. Diese Verpflichtung geht auf das Urteil des EuGH vom 14.5.2019 – C-55/18 zurück, welcher die nationalen Gesetzgeber aufgefordert hatte, zu gewährleisten, dass die Arbeitgeber ein objektives, verlässliches und zugängliches System einführen, mit dem die vom Arbeitnehmer geleistete tägliche Arbeitszeit gemessen werden kann. Dies schützt einerseits die Mitarbeitenden vor überobligatorischer Inanspruchnahme, auch wird hierdurch bei mobiler Arbeit oder Vertrauensarbeitszeit bzw. das Erledigen vereinbarter Aufgaben ohne Dokumentation geleisteter Arbeitszeiten vermieden.

Vgl. ZMV 5/2022, S. 285 f.; 4/2019, S. 181 ff.; 3/2019, S. 155 f.

Arbeitszeitkonten

Arbeitszeitkonten dienen der Flexibilisierung der Arbeitszeit zu Gunsten, aber auch zu Lasten der Arbeitnehmer/innen. Durch das Arbeitszeitkonto kann mehr Zeitsouveränität für die Beschäftigten entstehen, wenn sich diese ihre Arbeitszeit freier einteilen können, andererseits aber auch mehr Zeitsouveränität für den Arbeitgeber, wenn dieser innerhalb des Arbeitszeitkontos die freiere Einteilung vornimmt. Ein weiterer Arbeitgebervorteil von Arbeitszeitkonten ist, dass dadurch die Zahlung von Überstundenzuschlägen innerhalb des Arbeitszeitkontos entfällt.

Durch die Einführung von Arbeitszeitkonten wird in der Regel der sonst bestehende Ausgleichszeitraum für Mehr- oder Minderarbeit ausgedehnt (vgl. § 10 TVöD/TV-L, § 9b Abs. 2 AVR Diakonie, § 6 BAT-KF). Innerhalb dieser erweiterten Abrechnungszeiträume kann unter Beachtung der im Arbeitszeitgesetz oder in Arbeitsrechtsregelungen bestimmten Grenzen nach oben und unten von der regelmäßigen täglichen oder wöchentlichen Arbeitszeit abgewichen werden.

Arbeitszeitkontenmodelle enthalten Grenzen für „Plus- oder Minusstunden", die von einem in den nächsten Ausgleichszeitraum übertragen werden können. In der Regel ist dabei vorgesehen, dass vom Arbeitgeber angeordnete Mehrarbeit, die zum Ende des Ausgleichszeitraums nicht ausgeglichen werden kann, zu vergüten ist.

Vgl. ZMV 6/2016, S. 362; 6/2012, S. 309

Auflösungsvertrag

Aus dem Grundsatz der Vertragsfreiheit folgt, dass die Parteien das Arbeitsverhältnis jederzeit für die Zukunft im gegenseitigen Einvernehmen beenden können (§§ 33 Abs. 1 TVöD/TV-L, 34 AVR Diakonie, 32 BAT-KF). Dies muss zwingend schriftlich erfolgen (§ 623 BGB); anderenfalls ist der Auflösungsvertrag nichtig.

Zwingende Regelungsinhalte sind:

- Beendigung im gegenseitigen Einvernehmen
- Zeitpunkt der Beendigung sowie
- Hinweis auf die Verpflichtung des Beschäftigten, sich bei der Agentur für Arbeit arbeitssuchend zu melden (§ 2 Abs. 2 S. 2 Nr. 3, § 38 Abs. 1 SGB III).

Die sozialversicherungsrechtlichen Folgen sind zu beachten. Es besteht die Gefahr einer Sperrzeit für das Arbeitslosengeld, da der/die Mitarbeitende durch Unterschrift des Auflösungsvertrags am Verlust des

Arbeitsplatzes mitgewirkt hat (§ 159 SGB III). Bei gleichzeitiger Zahlung einer Abfindung kann es zur (teilweisen) Anrechnung auf das Arbeitslosengeld kommen, wenn die Kündigungsfrist nicht eingehalten wurde (§ 158 SGB III).

Im Einzelfall können sich für den Arbeitgeber Aufklärungs- und Informationspflichten über die arbeits- und sozialrechtlichen Folgen eines Auflösungsvertrags ergeben. Grundsätzlich jedoch muss sich der Arbeitnehmer vor Abschluss eines Auflösungsvertrags selbst über die rechtlichen Folgen dieses Schritts Klarheit verschaffen. Wegen der weitreichenden Bedeutung wird Mitarbeitenden dringend rechtskundige Beratung über die Konsequenzen der Beendigung des Arbeitsverhältnisses empfohlen.

Beim Abschluss eines Auflösungsvertrags ist die MAV nicht zu beteiligen, aber über die Auflösung des Arbeitsverhältnisses zu informieren.

Ausschlussfrist

Ausschlussfrist bedeutet, dass Arbeitgeber- oder Arbeitnehmeransprüche verfallen (untergehen), wenn sie nicht innerhalb einer bestimmten Frist schriftlich (E-Mail genügt nach dem BAG) geltend gemacht werden. Ausschlussfristen sind von Rechts wegen zu berücksichtigen; sie erhöhen in Arbeitsverhältnissen die Rechtssicherheit der Vertragsparteien.

Wichtig für die Praxis ist die generelle Ausschlussfrist (§§ 37 TVöD/TV-L, 45 Abs. 2 AVR Diakonie, 36 BAT-KF). Danach verfallen alle Ansprüche aus dem Arbeitsverhältnis, wenn sie nicht innerhalb von sechs Monaten nach Fälligkeit von dem/der Mitarbeitenden bzw. vom Arbeit-/Dienstgeber schriftlich geltend gemacht werden. Für Ansprüche auf Leistungen, die auf die Ausübung höherwertiger Tätigkeiten gestützt sind oder monatlich entstehende Ansprüche auf Vergütung sieht § 45 Abs. 1 AVR Diakonie eine zwölfmonatige Ausschlussfrist vor. Sind Ausschlussfristen in kirchlichen Arbeitsrechtsregelungen normiert, müssen sie den Mitarbeitenden schriftlich im Wortlaut mitgeteilt worden sein, wenn sich der Arbeitgeber künftig darauf berufen will.

Sind die Ausschlussfristen in kirchlichen Arbeitsrechtsregelungen normiert, kann sich der Arbeitgeber auf die Ausschlussfristen nur berufen, wenn er sie dem/der Arbeitnehmer/in vorher schriftlich im Wortlaut mitgeteilt hat.

Im Arbeitsrecht wird grundsätzlich davon ausgegangen, dass einerseits die Mitarbeitenden, andererseits die Arbeitgeber ihre wechselseitigen Ansprüche kennen und beziffern können, was angesichts der Kompliziertheit des Rechts in der Realität längst nicht immer der Fall ist. Im Zweifel sollten Mitarbeitende sich daher möglichst schnell in der Personalverwaltung, bei der MAV oder bei (Fach)Anwälten/innen für Arbeitsrecht kundig machen. Ihnen wird empfohlen, eventuelle Ansprüche umgehend schriftlich gegenüber dem Arbeitgeber geltend zu machen.

Außerordentliche Kündigung

Die außerordentliche Kündigung wird im allgemeinen Sprachgebrauch häufig als „fristlose" bezeichnet. Sie kann jedoch auch mit einer Frist ausgesprochen werden („soziale Auslauffrist“).

Das Arbeitsverhältnis ist aus wichtigem Grund außerordentlich kündbar, wenn Tatsachen vorliegen, aufgrund derer dem Kündigenden unter Berücksichtigung aller Umstände des Einzelfalls und der Interessen beider Vertragsteile die Fortsetzung des Arbeitsverhältnisses bis zum Ablauf der Kündigungsfrist oder bis zur vereinbarten Beendigung des Arbeitsverhältnisses nicht zugemutet werden kann (§§ 626 BGB, 34 Abs. 2 TVöD, 32 AVR Diakonie).

Der Begriff des „wichtigen Grundes“ wird durch die Rechtsprechung konkretisiert. Es existiert kein allgemein gültiger „Katalog“ von außerordentlichen Kündigungsgründen. Auch betriebsbedingte Gründe können eine außerordentliche Kündigung mit Auslauffrist rechtfertigen. Es hat in jedem Fall eine Interessenabwägung zu erfolgen, ob ein generell geeigneter Grund in der konkreten Situation eine Kündigung rechtfertigt.

Die außerordentliche Kündigung muss dem/der Mitarbeitenden innerhalb einer Ausschlussfrist von zwei Wochen nach Kenntnis des Kündigungsgrunds zugehen (§ 626 Abs. 2 BGB). Bei der Fristberechnung zählt der Tag der Kenntniserlangung nicht mit (§ 187 Abs. 1 BGB).

Innerhalb der Zwei-Wochen-Frist ist die MAV zu beteiligen. Aufgrund dieses kurzen Zeitraums kann die Beteiligung bis auf drei Arbeitstage verkürzt werden (§ 45 Abs. 1 S. 3 MVG-EKD). Das MVG-EKD schreibt als Beteiligungsform die Mitberatung vor (§ 46 Buchst. b).

Eine Ausnahme hiervon bildet die außerordentliche betriebsbedingte Kündigung; hieran ist die Mitarbeitendenvertretung – wie an einer ordentlichen betriebsbedingten Kündigung – zu beteiligen, um für die/den schutzwürdigere/n unkündbare/n Arbeitnehmer/in gegenüber Kündbaren keinen schwächeren Rechtsschutz entstehen zu lassen.

Mitglieder der MAV sind während der Amtszeit sowie ein Jahr danach nur außerordentlich kündbar. Gleiches gilt für Wahlbewerber und nicht gewählte Wahlbewerber für einen Zeitraum von sechs Monaten nach Bestandskraft der Wahl. Vergleichbarer Sonderkündigungsschutz besteht auch für die Vertrauenspersonen der Schwerbehinderten sowie der Jugendlichen und der Auszubildenden. An außerordentlichen Kündigungen von Personen mit Sonderkündigungsschutz nach dem MVG-EKD ist die MAV im Rahmen der Mitbestimmung zu beteiligen.

Zur außerordentlichen Kündigung siehe ZMV 3/2023, S. 133 ff.

Befristete Arbeitsverträge

Aufgrund der privatrechtlichen Vertragsautonomie können Arbeitsverträge grundsätzlich befristet abgeschlossen werden (§ 620 BGB). Diesen Grundsatz schränken die §§ 14 ff. TzBfG ein.

Bis zur Dauer von zwei Jahren ist die sachgrundlose Befristung möglich (§ 14 Abs. 2 TzBfG). Allerdings gilt dies nach dem Wortlaut der Bestimmung nicht, wenn mit dem Arbeitgeber vor Beginn des sachgrundlos befristeten Arbeitsverhältnisses ein Arbeitsverhält-

nis bestanden hat. Das BAG legte früher die Bestimmung dahingehend aus, dass in den letzten drei Jahren vor Beginn des befristeten Arbeitsverhältnisses kein Arbeitsvertrag mit diesem Arbeitgeber existiert haben darf. Diese Auslegung erklärte das Bundesverfassungsgericht mit Beschluss vom 13.6.2018 – 1 BvR 1375/14 für verfassungswidrig. Mit Urteil vom 23.1.2019 – 7 AZR 733/16, ZMV 2/2019, S. 101 hat das BAG in Anlehnung an das genannte Urteil festgestellt, dass die Anwendung von § 14 Abs. 2 S. 2 TzBfG dann einzuschränken wäre, soweit das Verbot der sachgrundlosen Befristung unzumutbar ist, weil eine Gefahr der Kettenbefristung in Ausnutzung der strukturellen Unterlegenheit der Beschäftigten nicht besteht und das Verbot der sachgrundlosen Befristung nicht erforderlich ist, um das unbefristete Arbeitsverhältnis als Regelbeschäftigungsform zu erhalten. Das Verbot der sachgrundlosen Befristung kann danach insbesondere unzumutbar sein, wenn eine Vorbeschäftigung sehr lang zurückliegt, ganz anders geartet war oder von sehr kurzer Dauer gewesen ist.
Gilt für das Arbeitsverhältnis der TVöD oder TV-L, so muss nach folgenden zwei Beschäftigungsgruppen unterschieden werden:

- **Einstellung mit Sachgrund**

Kalendermäßig befristete Arbeitsverträge sind nach TVöD und TV-L mit sachlichem Grund nur zulässig, sofern die Dauer des einzelnen Vertrags fünf Jahre nicht übersteigt (§ 30 Abs. 2 S. 1 TVöD/TV-L). Befristete Anschlussarbeitsverhältnisse sind zulässig, sofern für die Befristung ein Sachgrund besteht.

§ 14 Abs. 1 TzBfG enthält einen nicht abschließenden Katalog von Sachgründen, die eine Befristung von in der Regel mehr als zwei Jahren rechtlich zulassen. Ein Sachgrund liegt danach insbesondere vor, wenn

- der betriebliche Bedarf an der Arbeitsleistung nur vorübergehend besteht oder
- der Arbeitnehmer zur Vertretung eines anderen Arbeitnehmers beschäftigt wird oder
- die Befristung zur Erprobung erfolgt.

Der Sachgrund kann weiterhin auch aus in Spezialgesetzen enthaltenen besonderen Befristungsmöglichkeiten bestehen, z.B. nach § 21 BEEG, § 6 PflegeZG oder § 1 WissZeitVG.

▪ Einstellung ohne Sachgrund

Ein befristeter Arbeitsvertrag ohne Sachgrund soll in der Regel zwölf Monate nicht unterschreiten; die Vertragsdauer muss mindestens sechs Monate betragen (§ 30 Abs. 3 S. 1 TVöD/TV-L). Die Höchstdauer des ohne Sachgrund befristeten Arbeitsverhältnisses beträgt zwei Jahre.

Die Befristung ist nur rechtswirksam, wenn sie schriftlich vor Beginn des Arbeitsverhältnisses vereinbart wird (§ 14 Abs. 4 TzBfG). Ist die Befristung wegen Verstoßes gegen das Schriftformerfordernis oder gegen andere Bestimmungen des Teilzeit- und Befristungsgesetzes unwirksam, so gilt der Arbeitsvertrag als auf unbestimmte Zeit abgeschlossen (§ 16 TzBfG).

Die Verlängerung eines befristeten Arbeitsverhältnisses bedarf als „einstellungsgleicher Akt“ nach § 42 Buchst. a MVG-EKD der Zustimmung der MAV.

Will ein/e Arbeitnehmer/in geltend machen, dass die im Arbeitsvertrag vereinbarte Befristung rechtswidrig ist, so muss er/sie spätestens drei Wochen nach Ende der vereinbarten Frist Klage vor dem Arbeitsgericht erheben.

Der Arbeitgeber hat die MAV gemäß § 20 TzBfG über die Anzahl der befristet Beschäftigten im Betrieb zu informieren.

Vgl. ZMV 5/2018, S. 263; 6/2016, S. 317; 2/2012, S. 75; 1/2012, S. 18

Bereitschaftsdienst

Bereitschaftsdienst ist in § 7 Abs. 3 TVöD, § 7 Abs. 3 TV-L, Anl. 8 AVR Diakonie, Anl. 5 BAT-KF geregelt. Das BAG definiert den Bereitschaftsdienst folgendermaßen: „Bereitschaftsdienst liegt stets dann vor, wenn der Arbeitnehmer sich für Zwecke des Betriebes an einer vom Arbeitgeber bestimmten Stelle innerhalb oder außerhalb des Betriebes aufzuhalten hat, damit er erforderlichenfalls seine volle Arbeitstätigkeit unverzüglich aufnehmen kann."

Wesentlich ist im Vergleich zur Rufbereitschaft, dass der Arbeitgeber den Aufenthaltsort während des Bereitschaftsdienstes bestimmt. Vergütet wird der Bereitschaftsdienst auf der Basis von Erfahrungswerten nach Stufen, mit denen ein bestimmter Prozentsatz (mind. 15 %) als Arbeitszeit gewertet wird. Bereitschaftsdienst kann auch durch Freizeitausgleich abgegolten werden.

Bereitschaftsdienst ist arbeitszeitrechtlich nicht als „Ruhezeit", sondern als Arbeitszeit zu werten und unterliegt dem gesetzlichen Mindestlohn (ZMV 4/2016, S. 234).

Vgl. ZMV 5/2014, S. 267; 5/2013, S. 267; 5/2011, S. 237; 2/2004, S. 62

Beschäftigungsverbote

Beschäftigungsverbote finden sich insbesondere im Jugendarbeitsschutzgesetz (JArbSchG), Arbeitszeitgesetz (ArbZG) sowie im Mutterschutzgesetz (MuSchG). So regelt § 5 JArbSchG zum Beispiel das Verbot von Kinderarbeit, § 23 JArbSchG das Verbot von Akkordarbeit für Jugendliche und § 25 Abs. 1 Nr. 4 JArbSchG, dass Personen, die wegen einer Straftat nach dem Betäubungsmittelgesetz verurteilt wurden, für die Dauer von fünf Jahren nach ihrer Verurteilung Jugendliche nicht beschäftigen sowie im Rahmen eines Rechtsverhältnisses im Sinne des § 1 JArbSchG nicht beaufsichtigen, nicht anweisen, nicht ausbilden und nicht mit der Beaufsichtigung, Anweisung oder Ausbildung von Jugendlichen beauftragt werden dürfen.

Das Mutterschutzgesetz beinhaltet generelle Beschäftigungsverbote sowie in § 16 MuSchG ein individuelles Beschäftigungsverbot, das vom behandelnden Arzt festgelegt werden kann. Diese Regelung gibt dem Arzt die Möglichkeit, zu bestimmen, welche Tätigkeit im Hinblick auf individuelle körperliche Gegebenheiten der werdenden Mutter bzw. des ungeborenen Kindes eine Gefahr darstellen können und deshalb nicht mehr ausgeübt werden dürfen. Das ärztliche Beschäftigungsverbot ist sowohl für den Arbeitgeber als auch für die Arbeitnehmerin bindend. Selbst mit Zustimmung der Schwangeren darf der Arbeitgeber sie bei andauerndem Beschäftigungsverbot nicht beschäftigen. Während der Zeit, in der die Beschäftigung ganz oder teilweise untersagt ist, hat die Beschäftigte Anspruch auf den Durchschnittsverdienst der letzten 3 abgerechneten Kalendermonate vor Eintritt der Schwangerschaft (§ 18 MuSchG, sog. Mutterschutzlohn, siehe „Mutterschutz", S. 71 ff.).

Vgl. ZMV 2/2013, S. 62; KAG Mainz, ZMV 6/2016, S. 343

Beschäftigungszeit

▪ AVR Diakonie

Nach § 11a AVR Diakonie ist Beschäftigungszeit die bei demselben Arbeit-/Dienstgeber in einem Dienstverhältnis zurückgelegte Zeit, auch wenn sie unterbrochen ist. Ist der/die Mitarbeitende aus seinem/ihrem Verschulden oder auf eigenen Wunsch aus dem Dienstverhältnis ausgeschieden, so gelten vor dem Ausscheiden liegende Zeiten nicht als Beschäftigungszeit, es sei denn, dass er das Dienstverhältnis wegen eines mit Sicherheit zu erwartenden Personalabbaus, wegen einer Körperbeschädigung oder einer in Ausübung oder infolge seiner Arbeit erlittenen Gesundheitsschädigung aufgelöst hat oder die Nichtanrechnung aus sonstigen Gründen eine unbillige Härte darstellen würde.

Die Beschäftigungszeit ist vor allem für folgende Ansprüche aus dem Arbeitsverhältnis maßgeblich:

- Ordentliche Unkündbarkeit nach einer Beschäftigungszeit von 15 Jahren, frühestens nach Voll-

endung des 40. Lebensjahres (§ 30 Abs. 3 AVR Diakonie);
- Dauer der Kündigungsfristen bei einer ordentlichen Kündigung (§ 30 Abs. 1 und 2 AVR Diakonie);
- Dauer der Krankengeldzuschusszahlung nach Ablauf der Entgeltfortzahlung von 6 Wochen durch den Arbeitgeber (§ 24 Abs. 2 AVR Diakonie).

§ 22 TVöD/TV-L

Im Bereich des TVöD/TV-L zählen alle Zeiten einer Beschäftigung bei demselben Arbeitgeber zur Beschäftigungszeit, auch Zeiten im ruhenden Arbeitsverhältnis (z.B. Elternzeit gem. § 15 BEEG) gelten als Beschäftigungszeit – mit Ausnahme eines Sonderurlaubs. Dieser zählt nur dann als Beschäftigungszeit, wenn der Arbeitgeber vorher schriftlich ein dienstliches Interesse anerkannt hat.

Sofern ein vorheriger Arbeitgeber der/des Beschäftigten vom Geltungsbereich des TVöD/ TV-L erfasst wird, sind die dort zurückgelegten Beschäftigungszeiten für die Berechnung der Dauer des Krankengeldzuschusses und für das Jubiläumsgeld anzuerkennen. Voraussetzung ist aber, dass ein Wechsel zwischen den Arbeitgebern stattfindet. Unter dem Begriff „Wechsel“ ist nach allgemeinem Sprachgebrauch nur der Fall zu verstehen, dass sich das neue Arbeitsverhältnis zeitlich unmittelbar an das vorhergegangene Arbeitsverhältnis anschließt.

Von der Dauer der Beschäftigungszeit ist die Kündigungsfrist bei ordentlicher Kündigung (§ 34 Abs. 1

TVöD/TV-L) und der Ausschluss der ordentlichen Kündbarkeit (§ 34 Abs. 2 TVöD/TV-L) abhängig. Bei der Bestimmung der Kündigungsfrist ist aber nur die Beschäftigungszeit bei demselben Arbeitgeber in einem Arbeitsverhältnis maßgebend.

Betriebliches Eingliederungsmanagement

Sind Mitarbeitende im Kalenderjahr länger als sechs Wochen oder wiederholt arbeitsunfähig, schreibt § 167 Abs. 2 SGB IX dem Arbeitgeber ein Verfahren zur Klärung der Frage vor, wie die Arbeitsunfähigkeit überwunden bzw. wie erneuter Arbeitsunfähigkeit vorgebeugt und der Arbeitsplatz erhalten werden kann (Betriebliches Eingliederungsmanagement – BEM). Obwohl die Bestimmung im SGB IX enthalten ist, handelt es sich dabei nicht um Schwerbehindertenschutzrecht, sondern um allgemeines Arbeitsrecht. Das BEM bedingt zunächst die Zustimmung der betroffenen Person. Zwingend daran zu beteiligen (nach Zustimmung des Betroffenen) ist die MAV; bei Schwerbehinderten auch deren Interessenvertretung. Der MAV sind die für das BEM in der Dienststelle verantwortlichen Personen zu benennen. Eine krankheitsbedingte Kündigung, der kein BEM vorangegangen ist, ist i.d.R. unwirksam, da der Arbeitgeber seiner erhöhten Darlegungs- und Beweislast dafür, dass es im Betrieb keine alternativen Einsatzmöglichkeiten gibt, ohne ein BEM meist nicht nachkommen kann.

Vgl. ZMV 3/2015, S. 130; 4/2014, S. 194; 3/2011, S. 122; 2/2005, S. 64; BAG, ZMV 3/2016, S. 170, KGH.EKD, ZMV 3/2024, S. 123; 1/2019, S. 33

Betriebsübergang

Nach § 613a BGB liegt ein Betriebsübergang vor, wenn ein Betrieb oder ein abgrenzbarer Betriebsteil durch Rechtsgeschäft wie z.B. einen Kaufvertrag auf einen anderen Inhaber übergeht. Der neue Inhaber tritt zunächst in alle Rechte und Pflichten des alten Inhabers, also auch in bestehende Arbeitsverträge ein.

Gemäß § 613a Abs. 5 BGB hat der bisherige Arbeitgeber oder der neue Inhaber die von einem Betriebsübergang betroffenen Arbeitnehmer/innen „in Textform" zu unterrichten über

1. den (geplanten) Zeitpunkt des Übergangs,
2. den Grund des Übergangs,
3. die rechtlichen, wirtschaftlichen und sozialen Folgen für die Arbeitnehmer/innen und
4. die in Bezug auf die Arbeitnehmer/innen in Aussicht genommenen Maßnahmen.

Da die Unterrichtungspflicht bereits gegenüber den Beschäftigten gilt, besteht sie erst recht gegenüber der MAV gemäß § 34 MVG-EKD.

Der/die betroffene Mitarbeitende kann dem Betriebsübergang innerhalb eines Monats nach Zugang der Unterrichtung widersprechen. Folge des Widerspruchs ist, dass das Arbeitsverhältnis zum bisherigen Arbeitgeber bestehen bleibt, der Arbeitsplatz im funktionalen Sinne geht jedoch auf den neuen Arbeitgeber über. Hat der Arbeitgeber nach erfolgtem Widerspruch objektiv für die Arbeitnehmerin bzw. den Arbeitnehmer keine Weiterbeschäftigungsmöglichkeit mehr, kann er das Arbeitsverhältnis ggfs. betriebsbedingt kündigen.

Die Arbeitsbedingungen dürfen aus Anlass des Betriebsübergangs innerhalb eines Jahres nicht zum Nachteil der Mitarbeitenden geändert werden. Die Kündigung des Arbeitsverhältnisses durch den bisherigen Arbeitgeber oder durch den neuen Inhaber aufgrund des Betriebsübergangs ist unwirksam (§ 613a Abs. 4 BGB). Die Möglichkeit, das Arbeitsverhältnis aus anderen Gründen kündigen zu können, bleibt unter den jeweiligen Voraussetzungen bestehen.

Vgl. ZMV 6/2016, S. 319; 3/2016, S. 139; 2/2014, S. 70; 1/2007, S. 11; 5/2000, S. 202

Datenschutz (DSG-EKD)

Der kirchliche Datenschutz ist für den Bereich der evangelischen Kirche und ihrer Diakonie im Datenschutzgesetz der EKD geregelt (s. www.kirchenrecht-ekd.de). Das Datenschutzgesetz gilt anstelle der staatlichen Regelungen, es ist diesen aber nachgebildet. Das Datenschutzgesetz der EKD wurde im vergangenen Jahr novelliert, die Neufassung trat zum 1. Mai 2025 in Kraft.

Siehe hierzu insgesamt ZMV 3/2018, S. 118 ff; zur MAV und zum Datenschutz ZMV 1/2024, S. 10 ff.

Direktionsrecht

Das Direktionsrecht (Weisungsrecht) aus § 106 GewO gibt dem Arbeitgeber das grundsätzliche Recht, Inhalt, Ort und Zeit der Arbeitsleistung zu bestimmen. Die Bestimmung muss den Arbeitnehmerschutzbestimmungen sowie billigem Ermessen entsprechen und daher objektiv zumutbar sein. Das Direktionsrecht wird durch die im Arbeitsvertrag verabredete Tätigkeit und Eingruppierung begrenzt. Eine weitere Begrenzung erfährt es durch Mitbestimmungsrechte der MAV. Bei allgemeiner Bezeichnung des Einsatzbereichs im Arbeitsvertrag (nur Entgelt- bzw. Vergütungs- und keine Fallgruppen-Angabe) ist jederzeit eine andere gleichwertige Verwendung im Betrieb möglich. Arbeitsvertragsbestandteile können hingegen nur durch Änderungskündigung geändert werden. Das Direktionsrecht wird mit Blick auf die Arbeitszeit z.B. durch die Gestaltung von Dienstplänen ausgeübt.

Eingruppierung

Die Zuordnung der auszuübenden Tätigkeit – also der Tätigkeit laut Arbeitsvertrag – zu einer entsprechenden Vergütungs-/Lohn- oder Entgeltgruppe und deren Fallgruppen bezeichnet man als Eingruppierung.

Die Eingruppierung richtet sich nach den Tätigkeitsmerkmalen der jeweiligen Vergütungsordnung oder der Entgeltordnung. Für die Arbeitsverhältnisse im öffentlichen Dienst sowie im Dienst von Kirche und Diakonie gilt die „Tarifautomatik“ (vgl. §§ 12 Abs. 1 TVöD/Bund, TV-L). Danach ist der/die Mitarbeitende allein durch die ihm/ihr übertragene Tätigkeit eingruppiert.

Die Eingruppierung ist daher kein gestaltender Rechtsakt des Arbeitgebers, und auch die Angabe der Vergütungsgruppe im Arbeitsvertrag hat – von übertariflichen Eingruppierungen abgesehen – lediglich feststellenden Charakter.

Bei der Eingruppierung hat die MAV ein eingeschränktes Mitbestimmungsrecht nach § 42 Buchst. c MVG-EKD.

Vgl. ZMV 6/2016, S. 1, 5/2016, S. 253; 4/2016, S. 191, 5/2014, S. 269; 2/2012, S. 62; 1/2012, S. 9; 5/2011, S. 260

Einigungsstelle

Einigungsstellen nach § 36a MVG-EKD entscheiden verbindlich sachliche Auseinandersetzungen in den Fällen organisatorischer oder sozialer Mitbestimmung (§ 40 MVG-EKD). Rechtsstreitigkeiten bleiben den Kirchengerichten für Mitarbeitendenvertretungssachen vorbehalten. Einigungsstellen sind besetzt mit je zwei Mitgliedern, die von der MAV benannt sind, sowie zwei von der Dienststellenleitung entsandten Mitgliedern. Die oder der Vorsitzende wird einvernehmlich durch beide Seiten bestimmt. Kommt ein Einvernehmen nicht zustande, entscheidet die Präsidentin bzw. der Präsident des zuständigen Kirchengerichts auf Antrag über den Vorsitz. Einigungsstellen sind fallweise einzurichten, wenn dies von der MAV oder der Dienststellenleitung verlangt wird. Durch Dienstvereinbarungen können ständige Einigungsstellen eingerichtet werden; dies ist nur für große Einrichtungen sinnvoll, in denen es häufiger zu Regelungsstreitigkeiten in den Fällen des § 40 MVG-EKD kommt.

Elterngeld

Das Elterngeld soll alle Eltern erreichen, die zugunsten der Betreuung ihres neugeborenen Kindes auf Einkommen verzichten. Das Elterngeld wird an Vater und Mutter für maximal 14 Monate gezahlt; beide können sich diesen Zeitraum frei untereinander aufteilen. Ein Elternteil kann mindestens für zwei und höchstens für zwölf Monate Elterngeld in Anspruch nehmen, zwei weitere Monate sind als Option für den Partner reserviert (§ 4 BEEG, „Vaterzeit"). Die Mindestbezugsdauer für das Elterngeld beträgt zwei Monate. Ersetzt werden regelmäßig 67 % des wegfallenden bereinigten Nettoeinkommens. Das Mindestelterngeld beträgt 300,– €, das höchste Elterngeld beträgt 1.800,– € monatlich (§ 2 Abs. 4 BEEG). Wird während der Elternzeit eine Teilzeittätigkeit ausgeübt, kann das Elterngeld für bis zu 24 Monate bezogen werden, wobei in dieser verlängerten Form lediglich die Hälfte des Elterngelds gezahlt wird (Elterngeld Plus). Arbeiten beide Elternteile parallel für mindestens vier aufeinander folgende Monate Teilzeit mit 24 bis 32 Wochenstunden, können sie einen „Partnerschaftsbonus" beanspruchen, der vier zusätzliche Monate Elterngeld Plus beträgt.

Vgl. unter „Elternzeit", S. 44 ff., und ZMV 4/2021, S. 201; 6/2014, S. 329; 2/2014, S. 97; 2/2009, S. 98.; 1/2007, S. 2.; 4/2006, S. 193

Elternzeit

Die §§ 15 ff. Bundeselterngeld- und Elternzeitgesetz (BEEG) ermöglichen es Personen, die die Betreuung und Erziehung eines Kindes in den ersten Lebensjahren selbst übernehmen möchten, ohne Verlust des Arbeitsplatzes eine Arbeitspause einzulegen oder die Arbeitszeit zu reduzieren. Das Elterngeld (vgl. voranstehend) trägt hierbei zur wirtschaftlichen Existenz bei. Beschäftigte haben das Recht, von ihrem Arbeitgeber Elternzeit zu verlangen, wenn sie ihre Kinder bzw. Enkelkinder selbst betreuen und erziehen (sog. „Großelternzeit", vgl. § 15 Abs. 1a BEEG, s.u.).

Elternzeit von bis zu 24 Monaten, die bis zur Vollendung des dritten Lebensjahres des Kindes nicht in Anspruch genommen wird, kann für einen Zeitraum zwischen dem dritten und dem achten Lebensjahr des Kindes hinausgeschoben werden. Dies bedarf nicht der Zustimmung des Arbeitgebers. Jeder Elternteil darf die Elternzeit auf höchstens drei Abschnitte verteilen, wobei der Arbeitgeber den dritten Zeitabschnitt aus dringenden betrieblichen Gründen ablehnen darf.

Die Mutterschutzfrist wird angerechnet. Ein Anteil von bis zu zwölf Monaten ist mit Zustimmung des Arbeitgebers auf die Zeit bis zur Vollendung des achten Lebensjahres des Kindes übertragbar. Elternzeit kann, auch anteilig, von jedem Elternteil allein oder von beiden Elternteilen gemeinsam genommen werden.

Wird Elternzeit aber – was zulässig ist – getrennt abwechselnd oder nacheinander genommen, bleibt es bei der Begrenzung der maximalen Elternzeit für jedes Kind und nicht etwa für den jeweiligen Elternteil (also keine Elternzeit für die ersten sechs Lebensjahre eines Kindes).

Elternzeit führt zum Ruhen des Arbeitsverhältnisses, sofern nicht während der Elternzeit ein „elterngeldunschädliches Teilzeitarbeitsverhältnis" besteht (siehe nachfolgende Ausführungen zur Elternteilzeit). Während der Elternzeit besteht Sonderkündigungsschutz (Ausschluss der ordentlichen Kündigung, § 18 BEEG, Kündigungsschutz im Zeitraum vom Antrag bis zum Beginn der Elternzeit):

- Elternzeit bis zur Vollendung des 3. Lebensjahres:
  - frühestens 8 Wochen vor Beginn der Elternzeit sowie
- Elternzeit zwischen dem 3. Geburtstag und vollendetem 8. Lebensjahr:
  - frühestens 14 Wochen vor Beginn der Elternzeit

Der/die Arbeitnehmer/in muss die Elternzeit spätestens sieben Wochen vor ihrem Beginn beim Arbeitgeber beantragen und gleichzeitig verbindlich erklären, für welche Zeiten innerhalb von zwei Jahren die Elternzeit genommen werden soll (§ 16 Abs. 1 BEEG). Für den Zeitraum zwischen drittem Geburtstag und vollendetem achten Lebensjahr beträgt die Anmeldefrist 13 Wochen.

Elternteilzeit

Die Elternzeitberechtigten (i.d.R. Vater und Mutter) können während der Elternzeit jeweils bis zu 32 Wochenstunden im Durchschnitt eines Monats entweder

- bei ihrem bisherigen Arbeitgeber
- bei einem anderen Arbeitgeber
- oder als Selbstständige berufstätig sein.

Sind beide Elternteile in Elternzeit, haben beide das Recht, in Teilzeit tätig zu sein, auch wenn sie bei demselben Arbeitgeber beschäftigt sind. Die Teilzeittätigkeit bei einem anderen Arbeitgeber oder als Selbstständiger während der Elternzeit bedarf grundsätzlich der Zustimmung der Arbeitgeberseite. Sie darf nur innerhalb von vier Wochen aus dringenden betrieblichen Gründen abgelehnt werden.

- **Großelternzeit**

Großeltern haben Anspruch auf Elternzeit, wenn das Enkelkind mit ihnen im Haushalt lebt, sie es betreuen und wenn ein Elternteil minderjährig ist oder die Ausbildung vor Vollendung des 18. Lebensjahres begonnen wurde und die Arbeitskraft des Elternteils durch die Ausbildung im Allgemeinen voll in Anspruch genommen wird. Die Großeltern erhalten keinen finanziellen Ausgleich für ihren Verdienstausfall.

Vgl. auch Stichwort „Elterngeld“, S. 43 f.; ZMV 4/2021, S. 201; 5/2015, S. 243; 4/2015, S. 211; 1/2015, S. 27; 6/2014 S. 329; 2/2014, S. 97; 5/2013, S. 290; 1/2013, S. 32; 2/2009, S. 98; 3/2007, S. 109; 1/2007, S. 2; 2/2004, S. 58

Entgeltfortzahlung

siehe „Arbeitsunfähigkeit“, S. 17 ff.

Entgeltumwandlung

Als Entgeltumwandlung wird der Verzicht von Beschäftigten auf einen bestimmten Betrag ihrer Bezüge zum Aufbau einer freiwilligen Säule der betrieblichen Altersversorgung bezeichnet, der eine Senkung der Steuern und der Sozialversicherungsbeiträge bewirkt und somit vom Staat gefördert wird.

Der/die Arbeitnehmer/in kann von seinem/ihrem Arbeitgeber verlangen, dass von seinen/ihren künftigen Entgeltansprüchen bis zu 4 % der jeweiligen Beitragsbemessungsgrenze in der Rentenversicherung (2026 bundeseinheitlich 4.056,– €) durch Entgeltumwandlung für seine/ihre betriebliche Altersversorgung verwendet werden (§ 1a Abs. 1 BetrAVG).

Entgeltumwandlung ist unter anderem bei den kirchlichen Zusatzversorgungskassen sowie den Zusatzversorgungseinrichtungen des öffentlichen Dienstes möglich.

Es bestehen in allen kirchlichen Arbeitsvertragsordnungen Entgeltumwandlungsregelungen mit unterschiedlichen Detailvorschriften (z.B. § 27b AVR Diakonie).

Seit 1. Januar 2019 müssen Arbeitgeber für neue Verträge über Entgeltumwandlung einen Zuschuss in Höhe von 15 % des umgewandelten Betrages zahlen. Damit wird der größere Teil der dem Arbeitgeber ersparten Sozialversicherungsbeiträge abgeschöpft.

Aktuelle Informationen erhalten Sie u.a. unter www.ezvk.de und www.vbl.de. Siehe auch ZMV 3/2014, S. 145.

Zur Entgeltumwandlung im kirchlichen Bereich siehe Eder, ZMV 6/2017, S. 302.

Neben der Entgeltumwandlung ist auch eine zusätzliche Altersvorsorge mit einem „Riester-Produkt" („Riester-Rente") aus dem Nettoentgelt möglich.

- Jobrad

Auch die Zurverfügungstellung eines Jobrads kann im Rahmen einer Entgeltumwandlung vorgenommen werden. Entscheidet sich die Arbeitnehmerin / der Arbeitnehmer, einen Teil des vertraglich vereinbarten Arbeitsentgelts nicht in bar, sondern als Sachbezug für den Zeitraum der Überlassung eines Leasinggegenstands (eines Jobrads) zu erhalten, behält der Arbeitgeber einen Teil des monatlichen Gehalts in Höhe der Leasingrate ein. Dieser Barlohn wird wiederum in sogenannten Sachlohn umgewandelt, also die Überlassung eines Fahrrads oder eines E-Bikes. Durch die Umwandlung entsteht zumindest ein steuerlicher Vorteil. Zu berücksichtigen sind aber die in den Leasingverträgen kalkulierten Zinsen der Anbieter und dass für die umgewandelten Beiträge keine Beiträge in die gesetzliche Rentenversicherung sowie in die Zusatzversorgung eingezahlt werden. Arbeitnehmerinnen und Arbeitnehmer sollten sich genau berechnen lassen, ob ein derartiges Modell für sie monetär wirklich einen Vorteil bedeutet.

Zum Jobrad im kirchlichen Bereich siehe ZMV 2/2023, S. 66 ff.

Erholungsurlaub

Unabhängig vom Lebensalter beträgt der Urlaubsanspruch nach TVöD und TV-L bei der Verteilung der wöchentlichen Arbeitszeit auf fünf Arbeitstage in der Kalenderwoche in jedem Kalenderjahr 30 Arbeitstage. Gleiches gilt für die AVR Diakonie Deutschland.

Bei weniger als fünf Arbeitstagen in der Woche wird der Gesamturlaubsanspruch anteilig gekürzt. Für Mitarbeitende, die durch Wechselschicht-, Schicht- oder Nachtarbeit besonders belastet sind, besteht ein Anspruch auf Zusatzurlaub von bis zu vier Arbeitstagen (§§ 27 TVöD/TV-L, 28b AVR Diakonie, 26 BAT-KF). Zusätzlich zum Erholungsurlaub haben schwerbehinderte Mitarbeitende Anspruch auf Zusatzurlaub von fünf Arbeitstagen nach § 208 SGB IX.

Vgl. ZMV 6/2012, S. 323

Geringfügige Beschäftigung

Geringfügige Beschäftigungsverhältnisse hat der Gesetzgeber in § 8 SGB IV geregelt. Er unterscheidet hier zwischen geringfügig entlohnten Beschäftigungsverhältnissen (sog. Minijobs; § 8 Abs. 1 Nr. 1 SGB IV) und kurzfristigen Beschäftigungen (Aushilfsbeschäftigungen; § 8 Abs. 1 Nr. 2 SGB IV).

- **Minijobs mit bis zu 603,– €**

Bei den geringfügig entlohnten Beschäftigungsverhältnissen handelt es sich grundsätzlich um Teilzeitarbeitsverhältnisse mit allen gesetzlich vorgeschriebenen Rechten und Pflichten. Besonderheiten sind aber im Lohnsteuer- sowie im Sozialversicherungsrecht je nach Art des jeweiligen Beschäftigungsverhältnisses zu beachten.

Ein Minijob liegt nach § 8 Abs. 1 Nr. 1 SGB IV vor, wenn das Arbeitsentgelt regelmäßig im Monat 603,– € nicht überschreitet (ab dem 1. Januar 2026 wurde die Geringfügigkeitsgrenze von 556,– € auf 603,– € angehoben, dies auch zur Anpassung der Erhöhung des Mindestlohnes, s.u.). Die wöchentliche Arbeitszeit und die Anzahl der Arbeitseinsätze sind dabei unerheblich. Eine geringfügig entlohnte Beschäftigung ist versicherungsfrei in der Arbeitslosen- und Krankenversicherung und nicht versicherungspflichtig in der Pflegeversicherung. Auch geringfügig entlohnten Beschäftigten ist der gesetzliche Mindestlohn (ab 1.1.2026 13,90 €) je Stunde zu zahlen.

In der Rentenversicherung besteht grundsätzlich Versicherungspflicht, wobei den Beschäftigten jedoch ein Befreiungsrecht eingeräumt wird („Opt-out"). Mit der

Versicherungspflicht soll die soziale (rentenrechtliche) Absicherung der Beschäftigten erreicht werden.

Ohne Befreiung von der Versicherungspflicht in der Rentenversicherung ergibt sich für die Beitragszahlung bei den Minijobs Folgendes:

- Krankenversicherung:
  - pauschal 13 % durch den Arbeitgeber
- Rentenversicherung:
  - pauschal 15 % durch den Arbeitgeber, pauschal 3,6 % durch den Arbeitnehmer.

Mit 18,6 % (15 % Arbeitgeber, 3,6 % Arbeitnehmer) werden – wie bei einem normalen Teilzeitbeschäftigten – volle Beiträge an die Rentenversicherung abgeführt. Die Vorteile der Versicherungspflicht für den Arbeitnehmer ergeben sich aus dem Erwerb von Pflichtbeitragszeiten in der Rentenversicherung. Das bedeutet, dass die Beschäftigungszeit in vollem Umfang für die Erfüllung der verschiedenen Wartezeiten (Mindestversicherungszeiten) berücksichtigt wird.

Grund-/Tabellenentgelt/Grundvergütung

Das Grund-/Tabellenentgelt bzw. die Grundvergütung (§§ 15 TVöD, 15 ff. AVR Diakonie, 12 ff. BAT-KF) wird durch weitere Leistungen wie z.B. Zeitzuschläge, Zulagen, Kinderzulagen und Jahressonderzahlungen ergänzt. Bereits durch den Umfang der Regelungen über das Grundentgelt wird deren Kompliziertheit deutlich.

Tabellenentgelt wird nach Entgelttabellen gewährt, die in der Vertikalen nach Entgeltgruppen, in der Horizontalen nach Erfahrungsstufen (Grundentgeltstu-

fen 1 und 2, Entwicklungsstufen 3 bis 6) unterteilt sind. Der TVöD sowie der TV-L enthalten ein Vergütungssystem, das auf die Berufserfahrung abstellt. Bis auf wenige Ausnahmen sind seit 1. Januar 2018 in jeder Entgeltgruppe sechs Stufen vorgesehen, in denen die Mitarbeitenden – abhängig von der Beschäftigungsdauer – aufsteigen. Nach einem Jahr in Stufe 1 erfolgt der Aufstieg in die zweite Stufe, nach zwei Jahren in Stufe 2 in die dritte, nach drei Jahren in Stufe 3 in die vierte sowie nach vier Jahren in Stufe 4 in die fünfte. Die sechste Stufe wird nach fünfjähriger Beschäftigungsdauer in Stufe 5 erreicht.
Im Bereich der Evangelischen Kirche und ihrer Diakonie existieren daneben anders strukturierte und ausbalancierte Entgeltsysteme (z.B. AVR Diakonie Deutschland, KDAVO der Ev. Kirche in Hessen und Nassau, Kirchlicher Arbeitnehmerinnen Tarifvertrag der Ev.-Luth. Kirche in Norddeutschland). Diese Entgeltsysteme weisen zum Teil weniger Entgeltgruppen und/oder Stufen auf als die Systematik des TVöD/TV-L.

Hinweisgeberschutz

Hinweisgeber/innen („Whistleblower") leisten einen sehr wichtigen Beitrag zur Aufdeckung und Ahndung von Missständen. Das am 2. Juli 2023 in Kraft getretene Hinweisgeberschutzgesetz dient dazu, Benachteiligungen auszuschließen und Whistleblowern Rechtssicherheit zu geben. Somit können Whistleblower vor dienst- und arbeitsrechtlichen Repressalien geschützt werden. Arbeitgeber, auch Dienstgeber bei Kirche, Caritas und Diakonie, sind danach verpflichtet, interne oder externe Meldestellen einzurichten, sofern dort mehr als 49 Arbeitnehmer beschäftigt werden. Die Meldestelle der Evangelischen Kirche in Deutschland ist unter www.bkms-system.com oder telefonisch unter 0511/27968200 erreichbar.

Vgl. ZMV 5/2023, S. 245 ff.; 3/2023, S. 125 ff.

Höherwertige Tätigkeit

Wird dem/der Mitarbeitenden auf Dauer eine höherwertige Tätigkeit übertragen, führt dies zu einer Höhergruppierung, wenn die neuen Aufgaben den Tätigkeitsmerkmalen einer höheren Entgeltgruppe entsprechen (Tarifautomatik). Die Höhergruppierung unterliegt der eingeschränkten Mitbestimmung nach § 42 Buchst. c MVG-EKD.

Erfolgt die Übertragung höherwertiger Tätigkeiten dagegen nur vorübergehend, ist eine persönliche Zulage zu zahlen (§§ 14 TVöD/TV-L, 13 Abs. 1 AVR Diakonie, 11 BAT-KF), wenn die in den genannten Vorschriften enthaltenen Fristen überschritten werden. Hierbei müssen sämtliche Tätigkeiten eines Arbeitsplatzes auf die betreffende Person übergehen. Die Anordnung zur Ausübung einer vorübergehenden höherwertigen Tätigkeit liegt im Direktionsrecht des Arbeitgebers.

Die Übertragung einer höherwertigen Tätigkeit von mehr als drei Monaten Dauer unterliegt der eingeschränkten Mitbestimmung nach § 42 Buchst. d MVG-EKD (nicht nur vorübergehende Übertragung einer höher oder niedriger zu bewertenden Tätigkeit).

Zur stufengleichen Höhergruppierung siehe ZMV 5/2014, S. 269.

Homeoffice

Homeoffice- bzw. „Teleheimarbeit" beschreibt die berufliche Tätigkeit, die ganz oder teilweise von zu Hause erfolgt. Dieses Arbeitsmodell ist keineswegs neu. Bedingt durch die Corona-Epidemie hat die Verbreitung von Homeoffice in den Jahren 2020 bis 2023 erheblich zugenommen. Rein rechtlich gibt es für Arbeitnehmerinnen und Arbeitnehmer keinen grundsätzlichen Rechtsanspruch, ihre Tätigkeit von zuhause aus zu erledigen; andererseits darf aber auch der Arbeitgeber (etwa im Rahmen des Direktionsrechts nach § 106 GewO) die/den Arbeitnehmende/n nicht zum Homeoffice zwingen. Allerdings ist es möglich, dass zwischen MAV und Dienststellenleitung in Dienstvereinbarungen geregelt wird, für welche Personengruppen Homeoffice in welchem Umfang möglich ist und wie die Sachausstattung geregelt wird.

Siehe „Mobiles Arbeiten", S. 71.

Vgl. ZMV 3/2021, S. 124; 2/2021, S. 71; 6/2020, S. 310; 333

Initiativrecht

Beim Initiativrecht (§ 47 MVG-EKD) geht – im Gegensatz zu den Mitbestimmungs-, Zustimmungs- oder Mitberatungsrechten – die Initiative nicht vom Dienstgeber aus, der eine konkrete Maßnahme beabsichtigt, sondern von der MAV, die eine Maßnahme vorschlägt bzw. beantragt. Initiativrechte stellen die Konkretisierung der allgemeinen Vorschlagsrechte dar (§ 35 Abs. 3 MVG-EKD). Geht es bei der Initiative der MAV nicht um Rechts-, sondern um Sachfragen, kann die Einigungsstelle nach § 36a MVG-EKD eingesetzt bzw.

angerufen werden, die dann einen Vermittlungsvorschlag unterbreitet.

Das MVG-EKD sieht Initiativrechte in allen Mitbestimmungs- und Mitberatungsangelegenheiten vor. Der Dienstgeber kann einen Vorschlag der MAV nicht einfach ablehnen, sondern muss diesen zunächst mit der MAV erörtern. Will er dem Vorschlag auch nach der Erörterung nicht entsprechen, hat er der MAV die Ablehnung mit Begründung schriftlich mitzuteilen. Kommt der Dienstgeber seinen Pflichten aus dem Initiativrecht nicht nach, kann die MAV das Kirchengericht einschalten.

Jahressonderzahlung

Gemäß §§ 20 TVöD-Bund/TV-L bemisst sich die Jahressonderzahlung nach Prozentsätzen aus dem in den Kalendermonaten Juli, August und September durchschnittlich gezahlten monatlichen Entgelt. Die Sätze betragen ab 2026:

- TvöD-Bund
  - 95 % für die Entgeltgruppen 1 bis 8,
  - 90 % für die Entgeltgruppen 9 bis 12,
  - 75 % für die Entgeltgruppen 13 bis 15.
- TVöD VKA

Nach dem TVöD VKA werden einheitlich 85 % gezahlt, für den Bereich Pflege 90 %.

- TV-L
  - 87,43 % für die Entgeltgruppen 1 bis 4,
  - 88,14 % für die Entgeltgruppen 5 bis 8,
  - 74,35 % für die Entgeltgruppen 9 bis 11,

- 46,47 % für die Entgeltgruppen 12 bis 13,
- 32,53 % für die Entgeltgruppen 14 bis 15.

Nach den AVR Diakonie beträgt die Jahressonderzahlung ein volles Monatsentgelt, das zur einen Hälfte mit dem Novemberentgelt des laufenden Jahres und zur zweiten Hälfte mit den Bezügen des Monats Juli im folgenden Jahr ausgezahlt wird. Es besteht eine Sonderregelung für Einrichtungen, die das Wirtschaftsjahr mit negativem Betriebsergebnis abschließen.

Vgl. ZMV 3/2013, S. 152

Jobrad

siehe „Entgeltumwandlung“, S. 47 ff.

Kindergeld

Das Kindergeld beträgt gemäß § 66 EStG monatlich seit Januar 2026 259,– € für jedes Kind.

Kinderzulage

Im öffentlichen Dienst sehen die Entgeltsysteme des TVöD und des TV-L keine kinderbezogenen Leistungen mehr vor. Lediglich für die am Stichtag des Inkrafttretens der Tarifwerke TVöD (1.10.2005) und TV-L (1.11.2006) vorhandenen Kinder werden die früheren Zulagen weitergewährt („Besitzstandskinder“).

▪ AVR Diakonie

Nach den AVR der Diakonie Deutschland wird je Kind ein „Kinderzuschlag“ in Höhe von mindestens 100,– € monatlich gezahlt; für Beschäftigte der Entgeltgruppen E 1 bis E 4 sind als weitere Sozialleistung Erhöhungsbeträge in Höhe von 16,– € bis 26,– € für jedes weitere Kind vorgesehen (§ 19a AVR Diakonie).

Krankheitsfall

siehe Arbeitsunfähigkeit (krankheitsbedingt), S. 17 ff.

Kündigung

Kündigung ist die

- einseitige,
- empfangsbedürftige,
- rechtsgestaltende und
- bedingungsfeindliche

Willenserklärung, durch die ein Arbeitsverhältnis mit Wirkung für die Zukunft gelöst werden soll.

Die ordentliche und die außerordentliche Kündigung stellen die Hauptformen dar.

Einzelheiten zur Außerordentlichen Kündigung S. 30 ff., zur Ordentlichen Kündigung S. 75 ff.

Jede Kündigung bedarf zwingend der Schriftform (§ 623 BGB). Nach § 126 Abs. 1 BGB ist die gesetzliche Schriftform des § 623 BGB nur dann erfüllt, wenn das Kündigungsschreiben vom Aussteller eigenhändig durch Namensunterschrift unterzeichnet worden ist. Die Kündigungserklärung muss dem Empfänger in der mit Originalunterschrift versehenen Version zugehen. Die bloße Kopie der Kündigungserklärung reicht daher ebenso wenig aus wie zum Beispiel eine E-Mail.

Die Kündigung durch den Arbeitgeber stellt stets die letztmögliche Maßnahme dar; zuvor müssen alle Möglichkeiten einer Weiterbeschäftigung geprüft werden.

Bei der ordentlichen Kündigung muss die Kündigungsfrist eingehalten werden (§§ 622 BGB, 30 Abs. 1 AVR Diakonie, 34 TVöD).

Nach dem MVG-EKD unterliegt die ordentliche Kündigung nach Ablauf der Probezeit der eingeschränkten Mitbestimmung nach § 42 Buchst. b. Sie darf nur ausgesprochen werden, wenn die MAV vorher zugestimmt hat bzw. die Zustimmung durch das Kirchengericht (Schlichtungsstelle) ersetzt wurde. Bei der ordentlichen Kündigung in der Probezeit bzw. der außerordentlichen Kündigung ist die MAV im Rahmen der Mitberatung zu beteiligen (§ 46 Buchst. b und c).

Siehe hierzu insbesondere ZMV 3/2023, 133 ff. sowie 3/2024, S. 131 ff. und 5/2023, S. 254 ff.

Kündigungsfristen

Als Kündigungsfristen werden die Zeiträume bezeichnet, die mindestens zwischen dem Zugang der Kündigungserklärung und der Beendigung des Arbeitsverhältnisses liegen müssen.

Die Kündigungsfristen nach TVöD/AVR Diakonie sind in der Tabelle auf der nächsten Seite zusammengestellt.

Abweichende Regelungen ergeben sich bei befristeten Arbeitsverhältnissen.

Vgl. hierzu z.B. § 30 Abs. 2 AVR Diakonie, § 30 Abs. 5 TVöD

Kündigungsschutzklage

Will ein/e Arbeitnehmer/in geltend machen, dass eine Kündigung sozial ungerechtfertigt ist, muss er/sie innerhalb von drei Wochen nach Zugang der Kündigung Klage beim Arbeitsgericht auf Feststel-

Kündigungsfristen (§ 34 TVöD)		
Beschäftigungszeit	Frist	Kündigung zum
bis zum Ende des 6. Monats seit Beginn des Arbeitsverhältnisses	2 Wochen	Monatsschluss
bis zu 1 Jahr	1 Monat	Monatsschluss
mehr als 1 Jahr	6 Wochen	Schluss eines Kalendervierteljahres
mindestens 5 Jahre	3 Monate	Schluss eines Kalendervierteljahres
mindestens 8 Jahre	4 Monate	Schluss eines Kalendervierteljahres
mindestens 10 Jahre	5 Monate	Schluss eines Kalendervierteljahres
mindestens 12 Jahre	6 Monate	Schluss eines Kalendervierteljahres
Abweichung in den AVR Diakonie (§ 30 Abs. 1):		
für die ersten 12 Monate	1 Monat	Monatsschluss

lung erheben, dass das Arbeitsverhältnis durch die Kündigung nicht aufgelöst ist (§ 4 KSchG). Die gleiche Frist besteht für einen Antrag auf gerichtliche Feststellung der Unwirksamkeit der Befristung eines Arbeitsverhältnisses (§ 17 TzBfG).

Kurzarbeit

Kurzarbeit (§§ 95 ff. SGB III) ist ein arbeitsmarktpolitisches Instrument zum Schutz von Mitarbeitenden vor durch wirtschaftliche Schwierigkeiten (des Arbeitgebers) bedingter Arbeitslosigkeit. Bei Kurzarbeit ruhen die Hauptleistungsverpflichtungen aus dem Arbeitsverhältnis – Arbeitsleistung und Vergütung – teilweise oder vollständig. Entgangene Vergütung wird durch das Kurzarbeitergeld der Agentur für Arbeit teilweise ausgeglichen. Das Arbeitsverhältnis bleibt bestehen und wird nach Ende der Kurzarbeit mit den vorher geltenden Regelungen unverändert fortgeführt. Die Höchstbezugsdauer wurde für 2026 erneut auf bis zu 24 Monate heraufgesetzt.

Grundsätzlich beträgt die Höhe des Kurzarbeitergeldes 60 % der Nettoentgeltdifferenz des Monats, in dem Kurzarbeit geleistet wurde. Der Satz erhöht sich auf 67 %, wenn auf der Lohnsteuerkarte des/der Beschäftigten mindestens ein Kinderfreibetrag von 0,5 eingetragen ist.

Die AVR Diakonie (§ 9i) sehen Aufstockungsbeträge zum Kurzarbeitergeld vor. Gleiches gilt für die Arbeitsrechtsregelungen der Landeskirchen.

Bei der Einführung von Kurzarbeit steht der MAV nach § 40 Buchst. d MVG-EKD ein Mitbestimmungsrecht zu, da die Einführung von Kurzarbeit eine Änderung der Arbeitszeit bedeutet.

Vgl. ZMV 1/2022, S. 28; ZMV 3/2020, S. 118

Leiharbeit

siehe „Arbeitnehmerüberlassung“, S. 15 f.

Loyalitätspflichten

Loyalitätspflichten sind arbeitsvertragliche Nebenpflichten. Mitarbeitende müssen sich gegenüber dem Arbeitgeber grundsätzlich loyal verhalten. Dies gilt auch außerhalb des Dienstes. Im kirchlichen Dienst gelten besondere Loyalitätsanforderungen, Für den Bereich der Ev. Kirche und ihrer Diakonie gilt seit 2005 die „Richtlinie über die kirchlichen Anforderungen der privatrechtlichen beruflichen Mitarbeit“, die am 9.12.2016 inhaltlich neu gefasst und Ende 2023 überarbeitet wurde (s. Mitarbeitsrichtlinie, kirchenrecht-ekd.de). Diese Richtlinie regelt zum einen, in welchen Fällen die Zugehörigkeit zu einer christlichen Kirche Voraussetzung für die berufliche Mitarbeit in Kirche und Diakonie erforderlich ist und für welche Tätigkeiten dies nicht gilt. Zum anderen werden grundsätzliche Loyalitätsanforderungen an kirchliche Mitarbeitende definiert. Es wird festgelegt, unter welchen Voraussetzungen z.B. eine Kündigung des Arbeitsverhältnisses wegen Loyalitätspflichtverletzung (z.B. Austritt aus der ev. Kirche, Engagement für rechtsextreme Gruppierung) möglich ist.

Das Bundesverfassungsgericht hat 2014 festgestellt, dass es grundsätzlich Sache der Religionsgemeinschaften ist, nach ihrem Selbstverständnis festzulegen, welche Loyalitätsanforderungen bei ihnen gelten (siehe ZMV 1/2015 S. 43 und 6/2014, S. 344). Das Bundesarbeitsgericht hat anschließend dem Europäischen Gerichtshof die Frage vorgelegt (ZMV 5/2016, S. 293), ob und inwieweit dies mit dem europäischen Antidiskriminierungsrecht vereinbar ist. Dieses hat am 11.9.2018 entschieden (ZMV 5/2018, S. 265), dass die Kündigung eines katholischen Chefarztes durch ein katholisches Krankenhaus wegen erneuter Eheschließung nach Scheidung eine verbotene Diskriminierung wegen der Religion darstellen kann. Eine Ungleichbehandlung von Mitarbeitenden aufgrund deren Konfession bzw. Konfessionslosigkeit ist nur dann rechtmäßig, wenn die Art der beruflichen Tätigkeit – etwa aufgrund der Nähe zum Verkündigungsauftrag der Kirche – eine unterschiedliche Behandlung rechtfertigt. Die Ungleichbehandlung bzw. deren Rechtfertigung ist nach Auffassung des EuGH vollumfänglich gerichtlich überprüfbar.

Vgl. ZMV 6/2018, S. 341; 4/2018, S. 174; 1/2017, S. 12; 3/2015, S. 123; 1/2015, S. 8; zur Mitarbeitsrichtlinie: ZMV 1/2024, S. 6 ff.

Der Rechtsauffassung des EuGH hat sich das BAG angeschlossen und in der Rechtssache *Egenberger* bekräftigt (BAG, 25.10.2018 – 8 AZR 501/14, ZMV 2/2019, S. 104). Gegen das BAG-Urteil wurde Verfassungsbeschwerde eingereicht (2 BvR 934/19). Das Bundesverfassungsgericht hat der Verfassungsbeschwerde des Ev. Werks für Diakonie und Entwicklung am 29.9.2025 stattgegeben. Das BAG wird in 2026 erneut unter Berücksichtigung des Urteils des Bundesverfassungsgerichts in der Sache zu entscheiden haben.

Vgl. ZMV 1/2026

Seit 2021 ändert sich die Rechtsprechung in Bezug auf Kündigungen wegen Kirchenaustritts. Die Arbeitsgerichte gehen dazu über, den Kirchenaustritt nur dann als Kündigungsgrund anzuerkennen, wenn er während des Arbeitsverhältnisses eine rechtmäßige und gerechtfertigte Anforderung dargestellt hat.

Vgl. ZMV 6/2025, S. 302

Mindestlohn

Seit 1. Januar 2015 gilt in Deutschland ein allgemeiner Mindestlohn. Dieser betrug zunächst 8,50 €. Ab 1. Januar 2026 beträgt der Mindestlohn 13,90 €/Stunde. Dieser ist für jedes Arbeitsverhältnis zu zahlen, z.B. auch für geringfügige, befristete oder kurzfristige Arbeitsverhältnisse. Die kirchlichen Tarife liegen in aller Regel auch in den untersten Entgeltgruppen über diesen Werten. Sollte dies ausnahmsweise nicht der Fall sein, können die MAVen ihre Zustimmung zur Eingruppierung wegen Verstoßes gegen die zwingenden Bestimmungen des Mindestlohngesetzes verweigern. Der Mindestlohn wird von einer unabhängigen Mindestlohnkommission alle zwei Jahre überprüft, die mit Gewerkschafts- und Arbeitgebervertretern/innen besetzt ist. Neben dem allgemeinen Mindestlohn bestehen spezielle Spartenmindestlöhne, z.B. für die Pflege. Nach Empfehlung der Pflegekommission steigen die Mindestlöhne für Pflegekräfte zum 1. Juli 2026: für Pflegehilfskräfte von 16,10 € auf 16,52 €

pro Stunde, für qualifizierte Pflegehilfskräfte von 17,35 € auf 17,80 € pro Stunde, für Pflegefachkräfte von 20,50 € auf 21,03 € pro Stunde. Zum 1. Juli 2027 soll dann jeweils eine weitere Erhöhungsstufe folgen.

Siehe auch ZMV 1/2026; 1/2025, S. 32; 1/2024, S. 35; 1/2023, S. 34; 1/2022, S. 27; zu den kirchlichen Arbeitsverhältnissen siehe ZMV 5/2014, S. 255; 1/2015, S. 27

Minijob

siehe unter „Geringfügige Beschäftigung“, S. 50 f.

Mitarbeitendenvertretung – Ausstattung

Gemäß § 30 MVG-EKD hat die Dienststelle der MAV für Sitzungen, Sprechstunden und die laufende Geschäftsführung in erforderlichem Umfang Räume, sachliche Mittel, dienststellenübliche technische Ausstattung und Büropersonal zur Verfügung zu stellen. Voraussetzung für die verlangten Mittel ist, dass sie für die Erfüllung der Aufgaben erforderlich sind, diesen Nachweis muss die MAV dann ggf. erbringen.

Beschließt die MAV auch digital oder hybrid zu tagen, hat die Dienststelle jedem Mitglied ein Tablet oder ein Notebook zur Verfügung zu stellen. Maßgeblich ist die in der Dienststelle übliche technische Ausstattung.

Auch weitere Sachmittel sind der MAV zur Verfügung zu stellen. Hierbei hat die MAV Anspruch auf den Bezug von Fachzeitschriften und Publikationen wie der ZMV, juristischer Kommentare, Arbeitshilfen etc. unabhängig von der Größe der Einrichtung.

Zudem sind der MAV Büroräume und Büromaterial zur Verfügung zu stellen. Große MAVen ab 11 Mitgliedern haben Anspruch darauf, dass ihnen eine (Teilzeit-)Bürokraft zur Verfügung gestellt wird.

Vgl. ZMV 5/2021, S. 258

Mitarbeitendenvertretung – Freistellung

Jedes einzelne Mitglied einer MAV ist nach § 19 Abs. 2 MVG-EKD für die Tätigkeiten im Rahmen der MAV-Arbeit von der dienstvertraglich geschuldeten Arbeit freizustellen. Dabei gilt der Grundsatz, dass Tätigkeiten für die Mitarbeitendenvertretung Vorrang haben.

Die Mitarbeitendenvertretung hat nach § 20 MVG-EKD einen Anspruch auf (pauschale) Freistellung, wenn sie in der Regel mindestens 151 Mitarbeitende zu vertreten hat. Die Freistellung unterscheidet sich von der Arbeitsbefreiung dadurch, dass ein oder mehrere MAV-Mitglieder für einen festgelegten Anteil ihrer wöchentlichen Arbeitszeit grundsätzlich von ihrer arbeitsvertraglichen Tätigkeit befreit sind.

Vgl. bereits ZMV 1/2024, 6 ff.; 6/2008, S. 293 ff.; 2/2007, S. 65 f.

Mitarbeitendenvertretung – MVG-EKD

Die betriebliche Mitbestimmung richtet sich in kirchlichen Einrichtungen nach dem Mitarbeitendenvertretungsgesetz (MVG-EKD) im Bereich der Evangelischen Kirche. Die entsprechenden staatlichen Regelungen finden sich für den öffentlichen Dienst in den Personalvertretungsgesetzen sowie im Betriebsverfassungsgesetz (BetrVG) für alle weiteren Unternehmen. Die kirchlichen Normen sind an die vorgenannten staatlichen Gesetze angelehnt. Das MVG-EKD wurde am 5. Dezember 2023 in vielen Details in der Regel zu Gunsten der Mitarbeitendenvertretungen geändert. Die Änderungen sind zum 1. Januar 2024 in Kraft getreten (s. www.kirchenrecht-ekd.de).

Zu den Rechten der MAV siehe insbesondere die Stichworte „Mitberatung" (S. 68 f.), „Mitbestimmung" (S. 69 ff.), „Initiativrecht" (S. 54 f.) sowie die Grafik auf S. 68.

Mitarbeitendenvertretung – Wahlordnung

Nach Novellierung des MVG-EKD im Jahr 2024 wurde 2025 die Wahlordnung zum MVG-EKD novelliert. Ähnlich wie im MVG-EKD wurde die Wahlordnung in „Gender-Sprache" gefasst (so heißt es fortan „Mitarbeitende" statt „Mitarbeiterinnen und Mitarbeiter", „Mitarbeitendenvertretung" statt „Mitarbeitervertretung"). Bei den Formvorschriften wurde von Schriftform auf Textform umgestellt. Auch muss etwa der Wahlvorstand nun mindestens fünf statt wie bisher drei Monate vor Ablauf der Amtszeit der Mitarbeitendenvertretung bestellt werden.

Vgl. ZMV 1/2026; 6/2025, S. 317

Mitarbeitendenvertretung – Schulung

Nach § 19 Abs. 3 MVG-EKD ist den Mitgliedern der MAV für die Teilnahme an Tagungen und Lehrgängen, die ihnen für die Tätigkeit in der MAV erforderliche Kenntnisse vermitteln, die dafür notwendige Arbeitsbefreiung ohne Minderung der Bezüge oder des Erholungsurlaubs bis zur Dauer von insgesamt vier Wochen während einer Amtszeit zu gewähren. Seit dem 1. Januar 2024 ist ein Fortbildungsdeputat für die MAV geregelt, das vier Wochen multipliziert mit der Zahl der gesetzlichen Mitglieder umfasst, somit z.B. 28 Wochen bei einer siebenköpfigen Mitarbeitendenvertretung. Über die Verteilung des Deputats auf ihre Mitglieder entscheidet die Mitarbeitendenvertretung im eigenen Ermessen. Berücksichtigt als Arbeitszeit wird die tatsächliche zeitliche Inanspruchnahme, höchstens aber die bis zur täglichen Arbeitszeit einer bzw. eines vollzeitbeschäftigten Mitarbeitenden.

Zum Schulungsanspruch der MAV siehe insgesamt ZMV 5/2023, S. 248.

Mitarbeitendenvertretung – Sitzungen

MAV-Sitzungen sind wesentlicher Teil der MAV-Arbeit. Grundsätzlich können Beschlüsse der MAV nur in Sitzungen gefasst werden. Da die MAV auf der Grundlage ihrer Beschlüsse tätig wird, ist eine MAV-Arbeit ohne Sitzungen nicht möglich. Aufgrund der Corona-Pandemie wurde nach dem MVG-EKD 2022 bereits dauerhaft die Möglichkeit geschaffen, dass MAV-Sitzungen digital oder hybrid stattfinden können. § 26 MVG-EKD wurde dahingehend geändert, dass MAV-Sitzungen zwar grundsätzlich in Präsenz zu erfolgen haben, diese aber mittels Video- oder Telefonkonferenz durchgeführt werden können, wenn zuvor kein Mitglied der MAV dem Verfahren widersprochen hat.

Mitarbeitsrichtlinie

siehe „Loyalitätspflichten", S. 61 ff.

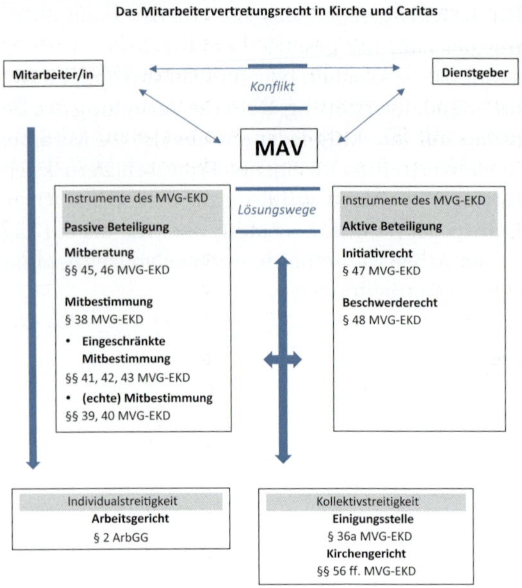

Mitberatung

Die Mitberatung gemäß §§ 45 ff. MVG-EKD ist gegenüber den Mitbestimmungsrechten das schwächere Beteiligungsrecht. Der Dienstgeber hat der MAV beabsichtigte Maßnahmen rechtzeitig vor Durchführung bekannt zu geben (§ 45 Abs. 1 S. 1 MVG-EKD) und auf Verlangen die Angelegenheit mit ihr zu erörtern (§ 45 Abs. 1 S. 1 MVG-EKD).

Die MAV hat binnen zwei Wochen Einwendungen vorzubringen; anderenfalls gilt die Maßnahme als gebilligt.

Will der Dienstgeber trotz fortbestehender Einwendungen gegen die Maßnahme diese durchführen, hat er die Entscheidung gegenüber der MAV vor der Durchführung schriftlich zu begründen. Diese Begründung ist Wirksamkeitsvoraussetzung für die Maßnahme. Die Ausnahme hiervon bildet die außerordentliche Kündigung; hier ist die schriftliche Begründung spätestens innerhalb eines Monats nach Ausspruch der Kündigung abzugeben. § 45 Abs. 2 MVG-EKD erklärt eine ohne Mitberatung erfolgte mitberatungspflichtige Maßnahme für unwirksam.

Die MAV kann bei Verstößen gegen §§ 45 ff. MVG-EKD das Kirchengericht innerhalb von zwei Wochen nach Kenntnis des Rechtsverstoßes anrufen. Hierauf verweisen § 45 Abs. 2 S. 2 MVG-EKD i.V.m. § 60 Abs. 4 MVG-EKD.

Mitbestimmung

Die uneingeschränkte Mitbestimmung nach §§ 38 ff. MVG-EKD ist das stärkste Beteiligungsrecht der MAV, da diese nicht nur rechtliche Argumente, sondern auch Sachargumente gegenüber der Dienststellenleitung durchsetzen kann.

Die vom Dienstgeber zustimmungspflichtige Maßnahme ist der MAV zunächst mit der Bitte um Stellungnahme zur Kenntnis zu geben.

Vom Zeitpunkt der Kenntnisnahme an hat die MAV in der Regel zwei Wochen (MVG-EKD) Zeit, auf die geplante Maßnahme zu reagieren. Lässt sie die Frist untätig verstreichen, gilt die Maßnahme als gebilligt (Zustimmungsfiktion gem. § 38 Abs. 3 MVG-EKD).

In dringenden Fällen ist es dem Dienstgeber gestattet, die Stellungnahmefrist zu verkürzen; die MAV kann ihrerseits beim Dienstgeber eine Fristverlängerung beantragen. Die Mitarbeitendenvertretung kann aber auch eine mündliche Erörterung verlangen (§ 38 Abs. 2 MVG-EKD).

Erteilt die MAV auch nach Erörterung bzw. Verhandlung ihre Zustimmung nicht, steht dem Dienstgeber der Weg zum Kirchengericht gem. § 38 Abs. 4 i.V.m. § 60 Abs. 5 MVG-EKD offen. Bei Maßnahmen, deren Umsetzung keinen Aufschub duldet, kann der Dienstgeber bis zur endgültigen Entscheidung vorläufige Regelungen treffen, die aber die spätere Entscheidung nicht präjudizieren oder der MAV die Zustimmungsmöglichkeit nicht nehmen dürfen (§ 38 Abs. 5 MVG-EKD).

Bei der eingeschränkten Mitbestimmung bzw. Zustimmung nach §§ 41 ff. MVG-EKD ist die MAV hinsichtlich der Zustimmungsverweigerung an die im Gesetz bzw. in der Ordnung aufgeführten Gründe wie Verstoß gegen Gesetz, Rechtsverordnung, arbeitsrechtliche Regelung, sonstiges geltendes Recht – auch rechtskräftige (kirchen-)gerichtliche Entscheidungen – gebunden. Wichtige Fälle sind die Einstellung bzw. die Eingruppierung und die ordentliche Kündigung nach Ablauf der Probezeit. Weiterhin hat die MAV zu überwachen, dass insbesondere durch personelle Maßnahmen der Frieden in der Einrichtung nicht gestört wird oder Mitarbeitende nicht ohne sachlichen Grund benachteiligt werden. Die eingeschränkte Mit- bzw. Zustimmung hat daher den Charakter einer qualifizierten Rechtskontrolle. Das Kirchengericht ist ebenfalls an die Prüfung der normierten Zustimmungsverweigerungsgründe gebunden.

Vgl. auch ZMV 6/2002, S. 303; zum Dienstplan als vorläufige Maßnahme siehe KGH.EKD, ZMV 1/2017, S. 47

Mobiles Arbeiten

Die Einführung und die Gestaltung mobiler Arbeit (somit auch Homeoffice-Arbeit) unterliegt seit dem 1. Januar 2024 der uneingeschränkten Mitbestimmung der MAV nach § 40 MVG-EKD.

Mutterschutz

Kernstück des Frauenarbeitsschutzrechts ist das Mutterschutzgesetz (MuSchG). Es gilt seit Januar 2018 für alle in einer Beschäftigung nach § 7 SGB IV stehenden Frauen; in den Schutzbereich einbezogen wurden insbesondere Schülerinnen, Auszubildende, Praktikantinnen und Studentinnen. Das Bestehen einer Schwangerschaft soll dem Arbeitgeber – möglichst unverzüglich – mitgeteilt werden (§ 15 Abs. 1 MuSchG). Der Arbeitgeber kann einen ärztlichen Nachweis verlangen. Die Kosten dafür hat er zu tragen.

Entscheidender Schutz ist der Kündigungsschutz. Nach § 17 Abs. 1 MuSchG ist eine Kündigung während der Schwangerschaft, bis zum Ablauf von vier Monaten nach einer Fehlgeburt nach der zwölften Schwangerschaftswoche und bis zum Ende der Schutzfrist nach der Entbindung, mindestens jedoch bis zum Ablauf von vier Monaten nach der Entbindung unzulässig. Dieser (besondere) Kündigungsschutz nach dem

Mutterschutzgesetz gilt auch während der Probezeit, in der der allgemeine Kündigungsschutz nach dem Kündigungsschutzgesetz noch keine Anwendung findet.
Werdende Mütter dürfen in den letzten sechs Wochen vor der Entbindung und bis zum Ablauf von acht Wochen danach nicht beschäftigt werden (§ 3 Abs. 1 und 2 MuSchG). Die Schutzfrist nach Entbindung verlängert sich bei Früh- und Mehrlingsgeburten sowie bei Geburten von Kindern mit Behinderungen. Bei einer vorzeitigen Entbindung verlängert sich die vierzehnwöchige Schutzfrist um die Tage, die durch die vorzeitige Geburt nicht in Anspruch genommen werden konnten.
Während der Schwangerschaft dürfen werdenden Müttern bestimmte Arbeiten nicht übertragen werden (z.B. im Röntgendienst von Krankenhäusern). Für jeden Arbeitsplatz im Betrieb ist eine Gefährdungsbeurteilung mit geeigneten Schutzmaßnahmen (z.B. gegen Infektionen) zu erstellen, damit der Arbeitgeber unmittelbar nach Mitteilung der Schwangerschaft die notwendigen Arbeitsschutzmaßnahmen ergreifen kann. Ziel des Mutterschutzgesetzes ist die Ermöglichung der Weiterarbeit unter Berücksichtigung aller physischen und psychischen Beeinträchtigungen für die Schwangere oder die stillende Mutter und ihr Kind. Kommt es durch eine nicht abwendbare Gefährdung der Mutter oder des ungeborenen Kindes zu einem Beschäftigungsverbot (§ 3 Abs. 1 MuSchG), so erhält die Schwangere für diesen Zeitraum Mutterschutzlohn (auch Mutterschaftslohn oder Aus-

gleichsbetrag genannt) vom Arbeitgeber (§ 18 MuSchG). Dieser kann sich die zusätzlichen Aufwendungen nach dem Aufwendungsausgleichsgesetz erstatten lassen.

Während der Mutterschutzfristen wird das Entgelt nach komplizierten Regelungen fortgezahlt (§§ 19 und 20 MuSchG = Mutterschaftsgeld von der Krankenkasse oder vom Bundesamt für Soziale Sicherung + Zuschuss zum Mutterschaftsgeld vom Arbeitgeber).

§ 24 MuSchG stellt klar, dass Mutterschutzfristen und Beschäftigungsverbote für schwangere Frauen und Mütter bei der Berechnung des Jahresurlaubs wie Beschäftigungszeiten zählen.

Vgl. ZMV 2/2019 S. 63; 1/2018, S. 31; 5/2016, S. 273; 2/2013, S. 62

Nebenabrede

Nebenabreden sind Vertragsklauseln, die sich nicht auf die Hauptleistungsverpflichtungen (Arbeitsleistung und Entgeltzahlung) beziehen, z.B.:

- Zahlung von Fahrtkostenzuschüssen,
- Pauschalierung von Zeitzuschlägen,
- Gewährung von Personalrabatten,
- Gewährung von Essenzuschüssen oder
- Rückzahlung von Ausbildungskosten.

Nebenabreden bedürfen nach §§ 5 Abs. 4 AVR Diakonie bzw. §§ 2 Abs. 3 TVöD/TV-L oder § 2 BAT-KF zu ihrer Wirksamkeit ebenso wie eine Befristungsabrede (§ 14 Abs. 4 TzBfG) der Schriftform, andernfalls sind sie nichtig (§ 125 BGB).

Nebentätigkeit

Die Ausübung einer Nebentätigkeit ist aufgrund von Art. 12 Grundgesetz (Grundrecht der Berufsfreiheit) generell zulässig. Es ist dabei unerheblich, ob die Nebentätigkeit entgeltlich oder unentgeltlich, selbstständig oder im Rahmen eines Arbeitsvertrags erbracht wird. Eine Nebentätigkeit ist dem Arbeitgeber jedoch rechtzeitig vor der Aufnahme anzuzeigen. Diese Mitteilung muss neben dem Arbeit- oder Auftraggeber auch konkretisierende Angaben über die Art und den Umfang der Nebentätigkeit beinhalten. Eine Versagung der Nebentätigkeit durch den Arbeitgeber ist möglich, soweit der Arbeitgeber daran ein berechtigtes Interesse besitzt. Dies setzt voraus, dass die Arbeitsleistung durch die Nebentätigkeit beeinträchtigt wird oder die Nebentätigkeit mit der Haupttätigkeit unvereinbar ist. Eine Beeinträchtigung liegt unter anderem vor, soweit durch die Nebentätigkeit die höchstzulässige Arbeitszeit nach dem Arbeitszeitgesetz überschritten wird, die zeitliche Lage der Nebentätigkeit mit dem Hauptarbeitsverhältnis kollidiert oder die Neben- mit der Haupttätigkeit inhaltlich nicht zu vereinbaren ist.

Die Übernahme von Ehrenämtern im kirchlichen, gesellschaftlichen oder kommunalpolitischen Raum ist nicht von der Zustimmung des Arbeitgebers abhängig.

Vgl. ZMV 3/2021, S. 134; 2/2019, S. 110; 3/2014, S. 176; 1/2013, S. 2; 4/2011, S. 195

Ordentliche Kündigung

Mit ordentlicher Kündigung (§ 622 BGB) wird die fristgemäße Beendigung des Arbeitsverhältnisses bezeichnet – im Gegensatz zur außerordentlichen (häufig fristlosen) Kündigung (§ 626 BGB).

Arbeitsverhältnisse unterliegen dann dem allgemeinen Kündigungsschutz nach dem Kündigungsschutzgesetz (KSchG), wenn zum Zeitpunkt des Zugangs der Kündigungserklärung das Arbeitsverhältnis bereits länger als sechs Monate besteht und folgende Betriebs-/Einrichtungsgröße vorliegt:

Hat das Arbeitsverhältnis am 1. Januar 2004 oder danach begonnen, müssen in dem Betrieb / der Einrichtung mehr als zehn Arbeitnehmer beschäftigt sein.

Hat das Arbeitsverhältnis bereits am 31. Dezember 2003 bestanden, müssen am 31. Dezember 2003 in der Regel mehr als fünf Arbeitnehmer beschäftigt gewesen sein, die zum Zeitpunkt der Kündigung des Arbeitsverhältnisses noch im Betrieb beschäftigt sind. Arbeitnehmer, die nach dem 31. Dezember 2003 eingestellt worden sind, werden hierbei nicht berücksichtigt.

Als Arbeitnehmer wird voll gezählt, wer regelmäßig mehr als 30 Stunden in der Woche beschäftigt ist. Arbeitnehmer, die weniger arbeiten, werden nur anteilig berücksichtigt:

- bis 20 Stunden = 0,5 Arbeitnehmer,
- bis 30 Stunden = 0,75 Arbeitnehmer.

Findet das Kündigungsschutzgesetz Anwendung (vgl. § 23 KSchG), so bedarf die Kündigung eines Arbeitsverhältnisses der sozialen Rechtfertigung. Es müssen entweder betriebs-, personen- oder verhaltensbedingte Gründe vorliegen, die die ausgesprochene Kündigung zu rechtfertigen vermögen. Ist kein derartiger Kündigungsgrund vorhanden, so ist die Kündigung rechtsunwirksam und das Arbeitsverhältnis besteht fort. Für das Vorliegen der Voraussetzungen eines Kündigungsgrundes trägt der Arbeitgeber die Darlegungs- und Beweislast. Der Arbeitnehmer muss innerhalb von drei Wochen nach Zugang der Kündigungserklärung Kündigungsschutzklage erheben, wenn er die Rechtswidrigkeit der Kündigung geltend machen will.

Da die Kündigung das letztmögliche Mittel im Arbeitsverhältnis darstellt, ist vor ihrem Ausspruch zu prüfen, ob weniger einschneidende Maßnahmen ausreichen, etwa eine Ermahnung, Abmahnung, Umsetzung, Versetzung oder Herabgruppierung. Der verhaltensbedingten Kündigung hat wegen ihres „Ultima-Ratio-Charakters" und der individuellen Möglichkeit der Besserung regelmäßig eine Abmahnung vorauszugehen.

Ist die Kündigung durch dringende betriebliche Erfordernisse begründet (z.B. Wegfall des Arbeitsbereichs), ist eine Sozialauswahl hinsichtlich der zu kündigenden Person(en) vorzunehmen. Bei der Auswahl hat der Arbeitgeber nach § 1 Abs. 3 S. 1 KSchG folgende soziale Kriterien zu berücksichtigen:

- Lebensalter,
- Dauer der Betriebszugehörigkeit,
- bestehende gesetzliche Unterhaltsverpflichtungen sowie

- eine bestehende Schwerbehinderung.

Von der Sozialauswahl können Arbeitnehmer/innen ausgenommen werden, deren Weiterbeschäftigung wegen ihrer Kenntnisse, Fähigkeiten und Leistungen im berechtigten betrieblichen Interesse liegt (Know-How- oder Leistungsträger/innen). Gleiches gilt, wenn eine ausgewogene Personalstruktur gesichert werden soll (§ 1 Abs. 3 S. 2 KSchG).

Ist die Sozialauswahl unter einer größeren Gruppe von Mitarbeitenden durchzuführen, empfiehlt sich ein zwischen Dienstgeber und Mitarbeitendenvertretung per Dienstvereinbarung festzulegendes Punktesystem, mit dem die sozialen Kriterien gewichtet werden (z.B. 1 Punkt je Lebensjahr, 2 Punkte für jedes Jahr der Betriebszugehörigkeit, 10 Punkte für jede gesetzliche Unterhaltsverpflichtung sowie 20 Punkte für eine bestehende Schwerbehinderung).

Der Arbeitgeber hat dem/der Mitarbeitenden nach der Kündigung eine angemessene Zeit zur Stellensuche zu gewähren (§ 629 BGB).

Steht der Zeitpunkt der Kündigung fest, ist dem/der Mitarbeiter/in anzuraten, sich umgehend bei der Agentur für Arbeit arbeitssuchend zu melden.

Vgl. Prüfungsschema auf der nachfolgenden Seite sowie ZMV 5/2023, S. 254 ff.

Zur Beteiligung der MAV: ZMV 3/2024, S. 131 ff., 3/2005, S. 135 f.; zum BEM: ZMV 4/2014, S. 194; zu Wiedereingliederung und krankheitsbedingter Kündigung: ZMV 6/2024, S. 305 ff.

Prüfungsschema „Ordentliche Kündigung“

1.

Besteht Sonderkündigungsschutz für Mitarbeitervertreterinnen/Mitarbeitervertreter, Schwangere (§ 17 MuSchG), Schwerbehinderte (§ 168 SGB IX), Pflegende von Angehörigen (§ 5 PflegeZG)?

Liegt evtl. eine besondere behördliche Genehmigung vor?

2.

Besteht allgemeiner Kündigungsschutz?

a) Kündigungsschutzgesetz anwendbar? (> 5/10 Beschäftigte, > 6 Monate Beschäftigungsdauer)

b) Unwirksamkeit der Kündigung, wenn bei personenbedingter, verhaltensbedingter oder betriebsbedingter Kündigung fehlerhafte Interessenabwägung oder fehlerhafte Sozialauswahl vorliegt.

3.

Wird die Kündigungsfrist eingehalten?

4.

Ist das Beteiligungsverfahren mit der MAV korrekt abgelaufen? (§ 42 Buchst. b i.V.m. § 41 Abs. 2 MVG-EKD)

Outsourcing

Mit Outsourcing wird die Ausgliederung eines Aufgabenbereichs eines Unternehmens bezeichnet. Zumeist handelt es sich nicht um Kernaufgaben eines Unternehmens (z.B. Küchenbetrieb eines Altenheims, Reinigungsdienst eines Kirchenkreisamts). Überwiegende Zielsetzung ist es dabei, diese Aufgaben nicht mehr selbst wahrzunehmen, sondern an Dienstleister zu übertragen, die die geforderte Leistung wirtschaftlicher erbringen. Sofern von einem Outsourcing-Vorgang Personal betroffen ist, gelten für den Übergang die Regeln des Betriebsübergangs nach § 613a BGB.

Siehe auch Stichwort „Betriebsübergang" S. 40 f.

Pausen

Weder das Arbeitszeitgesetz noch der TVöD/TV-L noch kirchlich kollektive Arbeitszeitregelungen definieren den Begriff „Pause". Das BAG hat hierzu festgestellt, dass es sich um eine im Voraus festzulegende Unterbrechung der Arbeit handelt, in der der/die Arbeitnehmer/in weder Arbeit zu leisten hat noch sich dafür bereitzuhalten braucht, sondern freie Verfügung darüber hat, wo und wie er/sie diese Ruhezeit verbringen will. Entscheidendes Kriterium für die Pause ist damit die Freistellung des Arbeitnehmers von jeder Dienstverpflichtung und von jeder Verpflichtung, sich zum Dienst bereit zu halten.

Das Arbeitszeitgesetz schreibt in § 4 Ruhepausen im Umfang von mindestens 30 Minuten bei einer Arbeitszeit zwischen sechs und neun Stunden, sowie von weiteren 15 Minuten bei einer darüber hinausgehenden Arbeitszeit vor.

Weiterhin müssen die zeitliche Lage der Pausen im Voraus (grob) feststehen, die einzelnen Pausenabschnitte mindestens 15 Minuten lang sein und nach sechs Stunden Arbeit „am Stück" eine Pflichtpause eingelegt werden.

Weil Ruhepausen die Arbeitszeit unterbrechen, und damit auch keine Arbeitsleistung erfolgt, besteht für diesen Zeitraum auch kein Vergütungsanspruch. Die Pausen sind also zur täglich bzw. wöchentlich vereinbarten oder durch TVöD oder AVR vorgesehenen Nettoarbeitszeit hinzuzurechnen.

In Bezug auf Lage und Dauer der Pausen besteht ein Mitbestimmungsrecht der MAV gem. § 40 Buchst. d MVG-EKD.

Vgl. auch ZMV 4/2025 S. 182, und 1/2014, S. 18

Pflegezeit

Das Pflegezeitgesetz (PflegeZG) ermöglicht Arbeitnehmern/innen, nahe Angehörige in häuslicher Umgebung zu pflegen, indem es Freistellungsansprüche von der Arbeit vorsieht. Für den Eintritt einer akuten Pflegesituation ist ein Anspruch auf Arbeitsbefreiung von bis zu zehn Arbeitstagen im Einzelfall vorgesehen (Kurzzeitpflege, § 2 PflegeZG). Weiterhin ist ein Anspruch auf eine Pflegezeit von bis zu sechs Monaten Dauer vorgesehen, die der Elternzeit nachgebildet ist (§§ 3 und 4 PflegeZG). Von der Ankündigung bis zur Beendigung der Pflegezeit besteht Sonderkündigungsschutz nach § 5 PflegeZG. Ein Entgeltfortzahlungsanspruch während der Kurzzeitpflege bzw. der Pflegezeit besteht nach diesem Gesetz zwar nicht; allerdings gibt es für die Kurzzeitpflege eine Lohnersatzleistung in Form des Pflegeunterstützungsgelds – es werden im Grundsatz 90 % des wegfallenden Nettoentgelts gezahlt; für die Pflegezeit gibt es einen Rechtsanspruch auf ein zinsloses Darlehen. Ebenfalls haben Arbeitnehmer in Betrieben mit mehr als 25 Arbeitnehmern einen Rechtsanspruch auf Familienpflegezeit (§ 2 FPfZG) von bis zu 24 Monaten. Für eine Gesamtdauer von 24 Monaten lassen sich Pflegezeit und Familienpflegezeit kombinieren (§ 4 PflegeZG).

Vgl. ZMV 3/2016, S. 61; 1/2015, S. 27; 1/2012, S. 5; 4/2011, S. 182; 4/2008, S. 174

Probezeit

Nach §§ 8 AVR Diakonie, 2 Abs. 4 TVöD/TV-L, 2 Abs. 4 BAT-KF gelten die ersten sechs Monate der Beschäftigung als Probezeit, sofern nicht im Arbeitsvertrag auf eine Probezeit verzichtet oder eine kürzere Probezeit vereinbart wurde. Sie soll den Arbeitsvertragsparteien die Prüfung ermöglichen, ob die gegenseitigen Erwartungen sich erfüllen.

Auf das Arbeitsverhältnis während der Probezeit finden grundsätzlich alle allgemeinen, arbeits-, sozialversicherungs- und zusatzversicherungsrechtlichen Vorschriften Anwendung. Der Urlaubsanspruch kann innerhalb der Probezeit regelmäßig noch nicht geltend gemacht werden.

Unabhängig von der Dauer der Probezeit tritt der allgemeine Kündigungsschutz nach dem Kündigungsschutzgesetz erst nach sechsmonatigem Bestehen des Arbeitsverhältnisses ein (§ 1 Abs. 1 KSchG). Das bedeutet, dass der Arbeitgeber zum Beispiel auch bei einer Probezeit von drei Monaten bis zum letzten Tag der sechs Monate kündigen kann, ohne dass der/die Mitarbeitende sich auf den Schutz des Kündigungsschutzgesetzes berufen kann. Auch der besondere Kündigungsschutz für schwerbehinderte Arbeitnehmer/innen gilt (ohne Rücksicht auf die Dauer der Probezeit) in den ersten 6 Monaten des Arbeitsverhältnisses nicht (§ 173 Abs. 1 Nr. 1 SGB IX).

Kündigungen innerhalb der Probezeit unterliegen der Mitberatung (§ 46 Buchst. c MVG-EKD).

Vgl. ZMV 6/2025, S. 339

Rechtsschutz/ Kirchliche Arbeitsgerichtsbarkeit

Die staatliche Arbeitsgerichtsbarkeit ist für Rechtsstreitigkeiten im Mitarbeitendenvertretungsrecht nicht zuständig, da diese unter die Kirchenautonomie (Art. 140 GG i.V.m. Art. 137 Abs. 3 WRV) fallen. Zuständig ist daher die kirchliche Gerichtsbarkeit. Die staatlichen Arbeitsgerichte haben aber in den individualrechtlichen Streitigkeiten inzident zu prüfen, ob die kirchliche Mitbestimmungsordnung eingehalten wurde.

Im evangelischen Bereich werden gem. § 57 Abs. 1 MVG-EKD auf landeskirchlicher Ebene bzw. der landeskirchlichen diakonischen Werke Kirchengerichte

(Schlichtungsstellen) nach Maßgabe des § 58 MVG-EKD gebildet. Aufgrund § 63 Abs. 1 MVG-EKD kann gegen alle Beschlüsse der ersten Instanz das Rechtsmittel der Beschwerde bei der zweiten Instanz eingelegt werden. Die Beschwerde bedarf der Annahme durch die zweite Instanz. Zweite und letzte Instanz ist der Kirchengerichtshof der EKD (KGH.EKD), der für alle Gliedkirchen der EKD und ihre Diakonischen Werke – mit Ausnahme des Bereichs der verfassten Kirche der Ev. Kirche von Hessen und Nassau – zuständig ist.

Kirchengericht/Kirchengerichtshof – Geschäftsstelle

Herrenhäuser Straße 12, 30419 Hannover

Telefon 0511/2796-250, Fax 0511/2796-750

In der evangelischen Kirche und ihrer Diakonie können alle rechtlichen Auseinandersetzungen, die sich aus der Anwendung des MVG-EKD ergeben, vor das Kirchengericht getragen werden (Generalklausel § 60 Abs. 1 MVG-EKD).

Für Regelungsstreitigkeiten über Inhalte der Mitbestimmung in organisatorischen und sozialen Angelegenheiten (somit zur Klärung inhaltlicher und nicht rechtlicher Auseinandersetzungen) sind Einigungsstellen im Sinne von § 36a MVG-EKD zuständig, s. dort.

Vgl. ZMV 1/2020, S. 6; ZMV 4/2005, S. 165.

Die Entscheidungen der erstinstanzlichen Kirchengerichte sowie des KGH.EKD werden auf unserer Homepage www.zmv-online.de unter „Service", „Kirchliche Rechtsprechung" veröffentlicht. Zudem kann eine Auswahl der Entscheidungen des KGH.EKD unter www.kirchenrecht-ekd.de, „Rechtsprechung" eingesehen werden.

Zur Praxis des Verfahrens vor den kirchlichen Arbeitsgerichten vgl. ZMV 1/2020, S. 6; 1/2017, S. 17; 4/2016, S. 204; 2/2016, S. 74; 5/2015, S. 258; 4/2015, S. 195; 3/2015, S. 136; zu den Anwaltskosten vgl. ZMV 6/2019 S. 293

Rufbereitschaft

Gemäß Anl. 8 AVR Diakonie sowie § 7 Abs. 4 TVöD/TV-L bedeutet Rufbereitschaft die Verpflichtung der/des Mitarbeitenden, außerhalb der regelmäßigen Arbeitszeit auf Abruf des Dienstgebers zur Arbeitsleistung zur Verfügung zu stehen. Dazu ist dem Dienstgeber der jeweilige Aufenthaltsort anzuzeigen bzw. die Erreichbarkeit mitzuteilen. Rufbereitschaft ist Ausnahme, nicht Regelfall. Sie zählt zur Ruhezeit gem. § 5 ArbZG. Bei Abruf und Arbeitseinsatz wird diese Ruhezeit unterbrochen.

Häufig ist Rufbereitschaft in medizinischen und Pflegeeinrichtungen anzutreffen, z.B. als Hintergrunddienst. Sie wird während ihrer gesamten angeordneten Dauer zu 12,5 % als Arbeitszeit gewertet und entsprechend vergütet. Nach dem TVöD/TV-L wird für die Bezahlung zwischen einer Rufbereitschaft von weniger als 12 und einer von mindestens 12 Stunden unterschieden.

- **weniger als 12 Stunden**

= Stundenweise Bezahlung = pro Stunde 12,5 % des individuellen Stundenentgelts + Überstundenentgelt für Arbeitsleistung und Wegezeit; Zeitzuschläge für die tatsächliche Arbeitsleistung

- **mindestens 12 Stunden**

= Pauschalzahlung = für die Tage Montag bis Freitag das Zweifache des individuellen Stundenentgelts; für

Samstage, Sonntage und Feiertage das Vierfache des individuellen Stundenentgelts + Überstundenentgelt für die tatsächliche Arbeitsleistung und Wegezeit; Zeitzuschläge für die tatsächliche Arbeitsleistung.

Mitarbeitende, die ständig ein auf Empfang geschaltetes Mobiltelefon mitführen müssen, befinden sich ebenfalls in Rufbereitschaft.

Mitarbeitendenvertretungsrechtlich sind die Lage und die Dauer der Rufbereitschaft sowie deren Veränderungen gem. §§ 40 Buchst. d MVG-EKD mitbestimmungs- bzw. zustimmungspflichtig.

Vgl. ZMV 5/2014, S. 267; 2/2014, S. 119; 5/2013, S. 267; 4/2012, S. 190; 1/2011, S. 19; zum Mindestlohn für Bereitschaftszeiten, BAG, ZMV 4/2016, S. 234

Schwerbehinderung

Menschen mit Behinderungen sind Menschen, die körperliche, seelische, geistige oder Sinnesbeeinträchtigungen haben, die sie in Wechselwirkung mit einstellungs- und umweltbedingten Barrieren an der gleichberechtigten Teilhabe an der Gesellschaft mit hoher Wahrscheinlichkeit länger als sechs Monate hindern können. Eine Beeinträchtigung liegt vor, wenn der Körper- und Gesundheitszustand von dem für das Lebensalter typischen Zustand abweicht (§ 2 Abs. 1 SGB IX). Eine Schwerbehinderung liegt nach Abs. 2 dieser Bestimmung vor, wenn der Grad der Behinderung (GdB) wenigstens 50 beträgt. Die Mitarbeitendenvertretung hat die Aufgabe, die Eingliederung behinderter Personen in die Einrichtung zu fördern und für eine ihren Kenntnissen und Fähigkeiten entsprechende Beschäftigung einzutreten (§ 35 Abs. 3 Buchst. d MVG-EKD). Der Arbeitgeber ist bei jeder Stellenbesetzung zur Prüfung verpflichtet, ob der Arbeitsplatz mit einem schwerbehinderten Menschen besetzt werden kann (§ 164 Abs. 1 SGB IX). Bei der Gestaltung des Arbeitsplatzes und der Regelung der Arbeitszeit muss auf die Belange der schwerbehinderten Menschen Rücksicht genommen werden (§ 164 Abs. 4 SGB IX). Schwerbehinderte Mitarbeitende haben Anspruch auf Zusatzurlaub von fünf Arbeitstagen im Urlaubsjahr (§ 208 SGB IX). Auf sein Verlangen hin wird ein schwerbehinderter Mensch von Mehrarbeit freigestellt (§ 207 SGB IX). Die Kündigung schwerbehinderter Mitarbeitender bedarf nach § 168 SGB IX der vorherigen Zustimmung des Integrationsamts. Schwerbehinderten gleichgestellt sind Personen mit einem GdB von weniger als 50, aber wenigstens 30 (§ 2 Abs. 3 SGB IX). Für Gleichgestellte gelten die besonderen Regelungen des Schwerbehindertenrechts mit Ausnahme des Zusatzurlaubs. Damit haben auch Gleichgestellte den besonderen Kündigungsschutz nach SGB IX. Der Kündigungsschutz gilt allerdings nicht während der Probezeit *(siehe S. 81 f.)*.

Zur Förderung Schwerbehinderter vgl. ZMV 2/2010, S. 61; 1/2009, S. 6; 1/2007, S. 7; 5/2004, S. 236; zur Offenbarungspflicht der Schwerbehinderung: ZMV 5/2019, S. 234

Sonderurlaub

Bei Vorliegen eines wichtigen Grundes kann nach § 29 AVR Diakonie, § 28 TVöD/TV-L oder § 27 BAT-KF

Sonderurlaub unter Wegfall der Bezüge in Anspruch genommen werden. Dienstliche und betriebliche Belange dürfen nicht entgegenstehen. Die Entscheidung über den Antrag ist nach billigem Ermessen (§ 315 BGB) zu treffen. Als wichtige Gründe kommen unter anderem die Betreuung von Familienangehörigen oder die persönliche berufliche Weiterentwicklung in Betracht.

Soweit der Dienstgeber ein dienstliches Interesse am Sonderurlaub anerkennt, gilt dieser als Beschäftigungszeit. In sonstigen Fällen wird der Lauf der Beschäftigungszeit durch Sonderurlaub gem. § 29 Abs. 3 AVR Diakonie und § 34 Abs. 3 TVöD unterbrochen. Während des Sonderurlaubs besteht das Arbeitsverhältnis zwar rechtlich fort, jedoch ruhen die Hauptleistungspflichten.

Systematisch ist der Sonderurlaub im Geltungsbereich der AVR Diakonie von der Beurlaubung und Teilzeitbeschäftigung in besonderen Fällen (§ 29a), die längere Zeiträume als den des Sonderurlaubs umfassen, zu trennen. Typisches Beispiel ist hier der Sonderurlaub unter Fortfall der Bezüge nach der Elternzeit zur weiteren Betreuung des Kindes. Als Obergrenzen gelten gemäß § 29a Abs. 2 AVR Diakonie (mit Verlängerungsmöglichkeit) drei Jahre.

Vgl. ZMV 5/2012, S. 259

Sozialauswahl

„Sozialauswahl bei betriebsbedingter Kündigung“ siehe unter „Ordentliche Kündigung“, S. 75 ff.

Sozialplan

In wirtschaftlichen Problemsituationen der Einrichtung oder bei Betriebsänderungen sollen Sozialpläne Mitarbeitende vor wirtschaftlichen und sozialen Nachteilen schützen. Sie dienen dem Ausgleich oder der Milderung der finanziellen und sozialen Folgen für die Beschäftigten – im Extremfall des Arbeitsplatzverlustes.

Sozialpläne regeln zum Beispiel

- die Möglichkeiten einer Weiterqualifikation von Mitarbeitenden,
- die Weitervermittlung an andere Arbeitgeber,
- Grundlagen für die Sozialauswahl,
- betriebsbedingte Umzüge
- und Abfindungsleistungen

(vgl. Stichwort „Abfindung", S. 9 f.).

Sozialpläne sind ein Spezialfall der Dienstvereinbarung nach § 36 MVG-EKD. Anlässe sind Auflösung, Einschränkung oder Verlagerung von Einrichtungen bzw. Einrichtungsteilen sowie Rationalisierungsmaßnahmen.

Die MAV hat bei der Aufstellung von Sozialplänen ein Mitbestimmungsrecht gem. § 40 Buchst. f MVG-EKD und ein Vorschlagsrecht (§ 47 MVG-EKD). Sozialplanverhandlungen dürfen nicht verweigert werden.

Vgl. ZMV 3/2004, S. 122; KGH.EKD, ZMV 5/2014, S. 280

Sozialversicherungsbeiträge

Sozialversicherungsbeiträge (Beiträge zur Kranken-, Pflege-, Renten- und Arbeitslosenversicherung) sind auf der Grundlage des sozialversicherungspflichtigen Bruttoarbeitsentgelts (= grundsätzlich der steuerpflichtige Arbeitslohn) bis zu bestimmten jährlich neu festzusetzenden Beitragsbemessungsgrenzen zu zahlen. Arbeitsentgelt, das über diese Grenzen hinausgeht, unterliegt nicht der Beitragszahlung. Die Sozialversicherungsbeiträge werden zwischen Arbeitgeber und Arbeitnehmer grundsätzlich gleich aufgeteilt (sog. Hälfteprinzip).

Daneben wird individuell von jeder gesetzlichen Krankenkasse ein Zusatzbeitrag erhoben, der seit 1. Januar 2019 ebenfalls hälftig („paritätisch") vom Arbeitgeber und Arbeitnehmer zu tragen ist. Dieser Zusatzbeitrag beträgt im Kalenderjahr 2026 bei der günstigsten Krankenkasse 2,2 % und bei der teuersten 4,4 % sowie durchschnittlich 2,9 %.

Der Gesamtbetrag zur gesetzlichen Krankenversicherung (allgemeiner Beitragssatz 14,6 % + Zusatzbeitrag 2,9 %) beträgt dann im Durchschnitt 17,5 %.

Die Grenzwerte in der Sozialversicherung 2026 sind auf der nachfolgenden Seite dargestellt.

Sterbegeld

Nach § 26a AVR Diakonie und § 23 Abs. 3 TVöD/TV-L sowie § 23 BAT-KF sollen finanzielle Belastungen, die mit dem Tod eines/r Mitarbeitenden für die Angehörigen entstehen, ausgeglichen oder gemildert werden. Sterbegeld wird deshalb für Angehörige von Personen gewährt, die während des Arbeitsverhältnisses sterben.

Der Anspruch ist im TVöD/TV-L auf Ehegatten bzw. Lebenspartner im Sinne des Lebenspartnerschafts-

2026	bundeseinheitlich
Beitragssätze	
Arbeitslosenversicherung	2,6 %
Krankenversicherung	14,6 %
Pflegeversicherung	3,6 %
Pflegeversicherung Kinderlose	4,2 %
Rentenversicherung	18,6 %
Beitragsbemessungsgrenzen	
Arbeitslosenversicherung	8.450,00 €
Krankenversicherung	5.812,50 €
Pflegeversicherung	5.812,50 €
Rentenversicherung	8.450,00 €
Geringverdiener	
Arbeitslosenversicherung Krankenversicherung Pflegeversicherung Rentenversicherung	325,00 €
Kranken- und Pflegeversicherungspflichtgrenze	
Jahresarbeitsentgeltgrenze	77.400,00 €
Geringfügigkeitsgrenze	
Arbeitslosenversicherung Krankenversicherung Pflegeversicherung Rentenversicherung	603,00 €
Einkommensgrenze in der Familienversicherung	
Angehörigenmitversicherung bis zu einem Einkommen von	565,00 €
Minijobs	603,00 €
Hinzuverdienstgrenze bei Altersvollrenten	unbegrenzt

gesetzes oder die Kinder beschränkt. Weitere Personen sind nicht anspruchsberechtigt. Es umfasst das Tabellenentgelt für die restlichen Tage des Monats, in dem der/die Mitarbeitende verstorben ist, sowie für weitere zwei Monate.

Zum Todeszeitpunkt muss ein aktives Arbeitsverhältnis bestehen. Ruht das Arbeitsverhältnis z.B. wegen

- Sonderurlaub,
- Rente auf Zeit,
- Elternzeit nach dem Bundeselterngeld- und Elternzeitgesetz (soweit keine Teilzeittätigkeit geleistet wird – § 15 BEEG),
- Pflegezeit nach dem Pflegezeitgesetz (PflegeZG),
- Mandatszeiten nach Abgeordnetengesetzen,

so besteht kein Anspruch auf Sterbegeld.

Die AVR Diakonie sehen einen weitergehenden Anspruch vor. Das Sterbegeld ist in voller Höhe an Ehegatten oder Abkömmlinge, das heißt an Kinder und Enkel zu zahlen. Zudem steht Sterbegeld auch einer entfernter verwandten oder verschwägerten Person zu, wenn die/der Verstorbene mit ihnen in häuslicher Gemeinschaft gelebt oder ganz oder überwiegend zu deren Unterhalt beigetragen hat. Voraussetzung ist, dass das Arbeitsverhältnis der/des Verstorbenen zur Todeszeit nicht durch Sonderurlaub gemäß §§ 28 TVöD, 29 und 29a AVR Diakonie unterbrochen war oder wegen verminderter Erwerbsfähigkeit gemäß § 35 AVR Diakonie geruht hat. Sterbegeld aus einer zusätzlichen Alters- oder Hinterbliebenenversorgung oder aus einer Ruhegeldeinrichtung ist nach AVR Diakonie anzurechnen. Die staatlichen, kommunalen und kirchlichen Zusatzversorgungskassen sehen keinen Anspruch auf Sterbegeld vor.

Streik

Streik ist planmäßige, kollektive Arbeitseinstellung, somit die kollektive Verweigerung der Erfüllung arbeitsvertraglicher Pflichten. Bei „Aussperrung" handelt es sich um die planmäßige Ausschließung der Arbeitnehmerinnen und Arbeitnehmer von der Arbeit durch die Arbeitgeber, in der Regel als Reaktion auf Streiks. Warnstreiks sind zunächst nur vorübergehend durchgeführte Maßnahmen. Es war lange Jahre streitig, ob und inwieweit Streik im kirchlichen Dienst zulässig ist. In zwei Grundsatzentscheidungen vom 20.11.2012 hat das Bundesarbeitsgericht festgestellt, dass Streiks von den Kirchen dann ausgeschlossen werden können, wenn die Gewerkschaften organisatorisch in den Dritten Weg eingebunden sind, sich koalitionsmäßig betätigen können und die Arbeitsrechtsregelungen für die Arbeitgeber verbindlich sind. Fehlt es an einer dieser Voraussetzungen, ist nach den Entscheidungen Streik möglich. Dies sieht auch das Arbeitsrechtsregelungsgrundsätzegesetz der EKD so vor *(siehe S. 17)*. Jüngst wurde durch das Arbeitsgericht Erfurt (12.11.2025 – 5 Ca 1304/24) der Streik in einer diakonischen Einrichtung untersagt.

Vgl. ZMV 1/2014, S. 2; 3/2013, S. 122; 6/2009, S. 286; BAG, ZMV 3/2013, S. 171, 176

Stufenaufstieg/Stufenzuordnung

Stufenaufstieg ist das Aufrücken in den Erfahrungsstufen der jeweiligen Entgeltgruppe (horizontaler Aufstieg, § 16 f. TVöD/TV-L, § 15 AVR Diakonie). Im TVöD/TV-L setzt der Stufenaufstieg eine ununterbrochene Tätigkeit in der jeweiligen Entgeltgruppe voraus. Besondere Regelungen zu Unterbrechungen (wie z.B. Mutterschutz, Elternzeit, Arbeitsunfähigkeit, Sonderurlaub usw.) sind in den §§ 16 TVöD/TV-L, zu finden und entsprechend zu beachten.

Die Anerkennung von Zeiten bei Vorarbeitgebern bei der Stufenfestsetzung ist unterschiedlich geregelt. Die Stufe ist im Zusammenhang mit der Feststellung der Entgeltgruppe im Rahmen der Eingruppierung festzusetzen. Probleme gibt es in der Praxis nicht nur bei der Zuordnung zu den Stufen 2 und 3, sondern vor allem bei der Anerkennung förderlicher Zeiten für die Stufen 4, 5 und 6. Verfügt der/die Mitarbeitende über eine einschlägige Berufserfahrung von mindestens einem Jahr, erfolgt die Einstellung in Stufe 2. Verfügt er über eine einschlägige Berufserfahrung von mindestens drei Jahren, erfolgt eine Zuordnung zur Stufe 3 (vgl. z.B. § 16 Abs. 2 S. 2 TVöD/VKA).

Unabhängig von der vorherigen Stufenzuordnung zu den Stufen 2 oder 3 – aufgrund einschlägiger Berufserfahrung von einem oder drei Jahren – kann der Arbeitgeber zur Deckung des Personalbedarfs bei Neueinstellungen Zeiten einer vorherigen beruflichen Tätigkeit ganz oder teilweise für die Stufenzuordnung berücksichtigen, wenn diese Tätigkeit für die vorgesehene Tätigkeit förderlich ist (vgl. z.B. § 16 Abs. 2 S. 3 TVöD/VKA). Damit ist eine Stufenzuordnung zu den Stufen 4, 5 und 6 bei der Einstellung bereits möglich. Die erstmalige Stufenfestsetzung unterliegt dem eingeschränkten Mitbestimmungsrecht nach § 42 Buchst. c MVG-EKD.

Zur Zustimmungsverweigerung vgl. auch ZMV 4/2015, S. 188, 5/2011, S. 250; 4/2010, S. 200

Tarifverträge (kirchliche)

In der evangelischen Kirche und ihrer Diakonie überwiegt zur Regelung der Arbeitsentgelte und der sonstigen Arbeitsbedingungen deutlich das Kommissionsmodell des Dritten Weges. Danach werden die Entgelte und sonstigen Arbeitsbedingungen von mit Arbeitnehmer- und Arbeitgebervertretern/innen paritätisch besetzten Arbeitsrechtliche Kommissionen geregelt. Bei Nichteinigung kann eine neutrale und unabhängige Schlichtung angerufen werden. Daneben existieren in den folgenden Bereichen kirchliche Tarifverträge:

- Ev. Kirche in Berlin-Brandenburg-schlesische Oberlausitz (für den Bereich der verfassten Kirche),
- Ev.-luth. Kirche in Norddeutschland (für den Bereich der verfassten Kirche und der Diakonie),
- Diakonie Niedersachsen sowie
- für einen Teil der Altenpflegeeinrichtungen der Diakonie Hessen.

Teilzeitbeschäftgung/Arbeitszeitreduzierung

Bei einer Beschäftigung, die nicht mit der regelmäßigen wöchentlichen Arbeitszeit einer/eines Vollzeitbeschäftigten ausgeübt wird, handelt es sich um eine Teilzeitbeschäftigung.

Gemäß § 4 Abs. 1 TzBfG dürfen Teilzeitbeschäftigte nicht schlechter behandelt werden als vergleichbare Vollzeitbeschäftigte. Die Arbeitszeit kann auf Antrag nach § 29a Abs. 8 AVR Diakonie bzw. § 11 Abs. 1 TVöD zum Beispiel zur Kinderbetreuung (auch befristet) reduziert werden. Besondere Möglichkeiten der Verringerung der Arbeitszeit bzw. der „elterngeldunschädlichen" Teilzeitbeschäftigung ergeben sich während der Elternzeit (§ 15 BEEG).

Nach § 8 TzBfG kann eine Arbeitnehmerin / ein Arbeitnehmer, deren/dessen Arbeitsverhältnis länger als sechs Monate bestanden hat, verlangen, dass seine bzw. ihre vertraglich vereinbarte Arbeitszeit (unbefristet) reduziert wird. Der Arbeitgeber darf entsprechende Anträge nur ablehnen, wenn betriebliche Gründe der Verringerung der Arbeitszeit entgegenstehen.

Mitarbeitendenvertretungsrechtlich werden Teilzeitbeschäftigte regelmäßig wie Vollzeitkräfte behandelt. Schwerbehinderte haben einen Anspruch auf Teilzeitbeschäftigung, wenn die kürzere Arbeitszeit wegen Art und Schwere der Behinderung nötig ist (§ 164 Abs. 5 S. 3 SGB IX).

Brückenteilzeit (§ 9a TzBfG) ermöglicht Arbeitnehmerinnen und Arbeitnehmern die befristete Reduzierung der Arbeitszeit und räumt ihnen einen Rechtsanspruch auf Rückkehr zu dem vor der Brückenteilzeit bestehenden Arbeitszeitumfang ein. Ein Anspruch besteht nur, wenn der Arbeitgeber in der Regel mehr als 45 Arbeitnehmer/innen beschäftigt. § 9a Abs. 2 TzBfG enthält eine Staffelregelung, wie viele Beschäftigte die Brückenteilzeit in Anspruch nehmen können.

Vgl. ZMV 4/2012, S. 195; 3/2002, S. 120; zu Überstundenzuschlägen bei Teilzeitbeschäftigung vgl. ZMV 2/2025, S. 69

Überstunden

Der Dienstgeber hat in Ausübung seines Direktionsrechts die Möglichkeit, bei Bedarf Überstunden anzuordnen, sofern dies objektiv zumutbar ist. Die Überstunden sind gem. § 9c AVR Diakonie sowie § 7 Abs. 7 TVöD/TV-L und § 7 Abs. 6 BAT-KF als die Stunden definiert, die auf Anordnung des Arbeitgebers über die regelmäßige Arbeitszeit oder die für die Woche dienstplanmäßig oder betriebsüblich festgesetzten Arbeitsstunden hinausgehen. Sie sind auf dringende Fälle zu beschränken sowie auf die Angestellten gleichmäßig zu verteilen.

Eine eigenständige Überstundendefinition findet sich im TVöD/TV-L-Bereich bei Schicht- und Wechselschichtarbeit. Diesen hat das BAG (25.4.2013, ZMV 4/2013, S. 201) wie folgt definiert: Das Maß für das Entstehen der Überstunden ist nicht mehr die im Schichtplan geplante Arbeitszeit, unabhängig davon, ob eine Über- oder Unterschreitung stattgefunden hat, sondern das Überschreiten der durchschnittlichen wöchentlichen Arbeitszeit eines Vollzeitbeschäftigten bezogen auf den Zeitplan des Schichtplanturnus – wobei das BAG ausdrücklich darauf hingewiesen hat, dass mit Schichtplanturnus die jeweilige Dienstplandauer (4-, 6-, 8 oder 12-Wochendienstplan) gemeint ist.

Zur Problematik bei Teilzeitarbeit in Wechselschicht- und Schichtarbeit siehe ZMV 1/2015, S. 13 und 1/2016, S. 16

Wird nach TVöD/TV-L ein Arbeitszeitkorridor oder eine Rahmenarbeitszeit vereinbart, fallen zuschlagspflichtige Überstunden in der Regel nicht an (§ 7 Abs. 8 TVöD/TV-L).

Im Rahmen von Arbeitszeitkonten (§ 9b AVR Diakonie) können Überstunden erst entstehen, wenn die höchstzulässige Plusstundenzahl für den Abrechnungszeitraum – mit Anordnung bzw. Duldung – überschritten wird. Die Anordnung kann mündlich, schriftlich oder auch durch schlüssiges Verhalten erfolgen.

Angeordnete Überstunden sind nach § 20a Abs. 1 AVR Diakonie bzw. § 8 Abs. 1 Buchst. b TVöD/TV-L mit vergütungsgruppenabhängigen Zeitzuschlägen versehen, soweit sie nicht arbeitsvertraglich als von der Regelvergütung umfasst gelten (z.B. bei leitenden Angestellten).

Der Europäische Gerichtshof hat mit Urteil vom 29. Juli 2024 (C-184/22 und C-185/22) entschieden: Teilzeitbeschäftigte dürfen nicht schlechter behandelt werden, wenn es darum geht, eine erhöhte Vergütung wegen Überschreitung einer bestimmten Zahl an Arbeitsstunden zu erhalten. Ihnen kann ein Anspruch auf Überstundenvergütung somit bereits zustehen, soweit ihre individuelle Arbeitszeit überschritten wird, selbst wenn tarifvertraglich geregelt ist, dass Überstundenzuschläge erst bei Überschreitung der regelmäßigen Arbeitszeit von Vollzeitbeschäftigten gezahlt werden. Dies hat das BAG am 5.12.2024 (8 AZR 370/20) bestätigt.

Bei Anordnung von Überstunden ist die MAV gemäß § 40 Buchst. d MVG-EKD zu beteiligen, sofern die Anordnung einen kollektiven Bezug hat, d.h. mehr als eine/n Mitarbeitende/n betrifft.

Vgl. ZMV 1/2018, S. 39; 6/2014, S. 313; 1/2014, S. 58; 5/2004, S. 221; zum Arbeitszeitrecht insgesamt: ZMV 4/2025, S. 182 ff.

Umsetzung

Umsetzung ist der Wechsel auf einen anderen Arbeitsplatz innerhalb desselben Betriebs eines Arbeitgebers in Abgrenzung zur Abordnung oder Versetzung. Umsetzungen sind dem Dienstgeber aufgrund des Direktionsrechts aus § 106 GewO möglich, soweit ein sachlicher Grund (Vermeidung von Willkürakten) und keine Einschränkung aufgrund arbeitsvertraglicher Vereinbarung vorliegt. Tarifvertraglich geregelt ist die Umsetzung nicht; man sucht sie vergeblich im TVöD oder TV-L. Sie ist von der Versetzung und Abordnung i.S.d. § 4 Abs. 1 TVöD/TV-L dergestalt zu unterscheiden, dass – wie vorstehend beschrieben – hier eine dauerhafte oder vorübergehende Übertragung anderer Aufgaben innerhalb derselben Dienststelle/Einrichtung stattfindet. Sie ist – weiterhin – im oben beschriebenen Rahmen des Direktionsrechts einseitig zulässig, soweit die neuen Aufgaben von der Entgeltgruppe/Vergütungsgruppe, in die der/die Arbeitnehmer/in eingruppiert ist, gedeckt sind.

Die MAV ist bei einer Umsetzung nur zu beteiligen, wenn diese innerhalb der Einrichtung mit einem Ortswechsel verbunden ist, etwa zu einer Außenstel-

e. In diesen Fällen besteht ein eingeschränktes Mitbestimmungsrecht gem. § 42 Buchst. f MVG-EKD.

Zur Versetzung eines MAV-Mitglieds: ZMV 1/2019 S. 41

Unkündbarkeit

Mitarbeitende, die

- das 40. Lebensjahr vollendet haben und
- seit mindestens 15 Jahren beschäftigt sind,

sind gemäß §§ 30 Abs. 3 und 31 AVR Diakonie sowie § 34 Abs. 2 TVöD und § 33 Abs. 3 BAT-KF unkündbar, das heißt, ihnen kann nicht mehr ordentlich gekündigt werden. Dies beinhaltet nicht nur die Beendigungskündigung (tatsächliche Beendigung des Arbeitsverhältnisses), sondern auch die Änderungskündigung (Fortbestehen des Arbeitsverhältnisses zu geänderten Bedingungen).

Als Kündigungsmöglichkeit kommt deshalb nur noch eine außerordentliche Kündigung aus wichtigem Grund im Sinne von § 626 BGB in Betracht.

Das Privileg der Unkündbarkeit hat dort seine Grenze, wo – bedingt durch Schließung von Einrichtungen oder wesentlichen Teilen von diesen – eine Weiterbeschäftigungsmöglichkeit objektiv nicht mehr besteht. In diesen Fällen kann eine außerordentliche Kündigung mit „sozialer" Auslauffrist, nämlich der längst möglichen ordentlichen Kündigungsfrist, ausgesprochen werden.

Unkündbarkeit bedeutet daher nicht einen absoluten Kündigungsausschluss, sondern eine erhebliche Kündigungseinschränkung. Bei tariflich eigentlich unkündbaren Angestellten besteht zudem die Möglichkeit, eine Änderungskündigung mit dem Inhalt der Herabgruppierung um eine Vergütungsgruppe auszusprechen. Voraussetzung ist, dass die Beschäftigung unter den bisherigen Bedingungen nachweisbar nicht mehr möglich ist oder der/die Mitarbeitende außerstande ist, die Arbeitsleistungen zu erfüllen, für die sie/er eingestellt wurde (§ 31 Abs. 2 und 3 AVR Diakonie). TVöD und TV-L kennen eine solche Regelung nicht.

Unternehmensmitbestimmung

Für diakonische Einrichtungen mit mehr als 500 Beschäftigten ist durch § 6b MVG-EKD in Verbindung mit der Rahmenrichtlinie Unternehmensmitbestimmung des Ev. Werks für Diakonie und Entwicklung e.V. vom 17. Oktober 2024 eine Form von „Unternehmensmitbestimmung light“ eingeführt worden. Nach den Regelungen hat die MAV die Möglichkeit, eine Person in das Aufsichtsorgan der Einrichtung (z.B. Aufsichtsrat, Kuratorium, Verwaltungsrat) zu entsenden. Besteht das Aufsichtsorgan aus mehr als acht Mitgliedern, können zwei Personen entsandt werden. Die entsandten Personen werden Mitglieder des Aufsichtsorgans mit allen Rechten und Pflichten. Allerdings räumt die Rahmenrichtlinie den landeskirchlichen Diakonischen Werken und deren Mitgliedseinrichtungen eine Umsetzungsfrist bis Ende 2028 ein.

Vgl. zu den Neuregelungen im MVG-EKD ZMV 1/2024, S. 2

Vermögenswirksame Leistungen

Vermögenswirksame Leistungen sind Geldleistungen, die der Arbeitgeber für den Arbeitnehmenden anlegt. Der/die Mitarbeitende kann grundsätzlich verlangen, dass der Arbeitgeber einen Teil seiner Bezüge vermögenswirksam anlegt.

Anl. 12 AVR Diakonie sowie § 23 Abs. 1 TVöD/TV-L geben dem/der Mitarbeitenden darüber hinaus einen zusätzlichen Anspruch auf einen Beitrag (besondere Zahlung) des Arbeitgebers zur Vermögensbildung.

Die vom Arbeitgeber zu gewährende besondere Zahlung beträgt bei Vollzeitbeschäftigten 6,65 € monatlich. Häufigste Anlageformen sind Bausparverträge, Lebensversicherungen oder Fondsmodelle. Die Höhe der Zulage ist seit der Euro-Umstellung zum 1. Januar 2002 gleich geblieben. Bei einer Zulage von 6,65 € monatlich kann inhaltlich von Vermögensbildung kaum die Rede sein.

Zeitzuschläge

Zeitzuschläge sind besondere, nicht notwendig dauerhafte oder wiederkehrende Vergütungsbestandteile, die Mitarbeitende gemäß § 20a AVR Diakonie sowie § 8 Abs. 1 TVöD/TV-L zusätzlich zu ihren allmonatlichen Bezügen erhalten. Zeitzuschläge sind ihrem Wesen nach Erschwerniszuschläge. Für die Erschwernis der Sonntags-, Feiertags-, Nachtarbeit usw. werden sie in unterschiedlicher Höhe zum monatlichen Entgelt (Tabellenentgelt, Regelvergütung usw.) gezahlt. Sie werden als so genannte unständige Bezügebestandteile bezeichnet (im Gegensatz zu den ständigen Bezügebestandteilen wie Tabellenentgelt und Zulagen in Monatsbeträgen). Diese Unterscheidung ist wichtig für die Fälligkeit und Zahlung.

In den AVR Diakonie (§ 9b Abs. 14) ist es möglich, durch Dienstvereinbarung Zeitzuschläge in Arbeitsstunden umzurechnen und einem Arbeitszeitkonto gutzuschreiben. Der Fachausdruck hierfür heißt „Faktorisierung". Faktorisierung ist auch in bestimmten Bereichen des TVöD sowie des TV-L möglich.

Zeugnis

Nach Beendigung des Arbeitsverhältnisses hat jede/r Mitarbeitende Anspruch auf Erteilung eines Zeugnisses (§ 109 GewO). Tariflich ist dies in §§ 37 AVR Diakonie, 35 TVöD/TV-L und 34 BAT-KF geregelt. Aus triftigen Gründen können Beschäftigte zum Beispiel nach § 35 Abs. 2 TVöD/TV-L auch während des Arbeitsverhältnisses ein Zeugnis erhalten (Zwischenzeugnis). Seit 2025 kann das Zeugnis gemäß § 109 Abs. 3 GewO auch in elektronischer Form ausgestellt werden, aber nur mit Einwilligung des bzw. der Mitarbeitenden.

Das Arbeitszeugnis dient dem beruflichen Fortkommen sowie potentiellen Arbeitgebern als Auswahl- und Bewertungskriterium. Deshalb hat der Zeugnisinhalt der Wahrheit zu entsprechen. Überdies gebietet die Fürsorgepflicht eine wohlwollende Zeugnissprache, die selbst bei objektiv negativen (Wert-) Urteilen einzuhalten ist.

Neben dem einfachen Zeugnis (§ 109 Abs. 1 S. 2 GewO), das im Wesentlichen nur die Tätigkeitsbeschreibung sowie zeitliche und persönliche Daten enthält, bildet das auf Verlangen zu erstellende qualifizierte Zeugnis nach § 109 Abs. 1 S. 3 GewO den Regelfall.

Es enthält wertende Aussagen über die Qualität der Arbeitsleistung und das Verhalten am Arbeitsplatz. Beurteilungsmaßstab ist eine durchschnittliche Leistung, gegenüber der die entsprechenden Bewertungen einzustufen sind. Häufig geschieht dies durch standardisierte Formulierungen wie „stets zu unserer vollen Zufriedenheit" für eine gute, „im Großen und Ganzen zu unserer Zufriedenheit" für eine mangelhafte Leistung (vgl. hierzu auch BAG, 18.11.2014 – 9 AZR 584/13, ZMV 6/2014, S. 345).

Der Arbeitgeber ist gesetzlich nicht verpflichtet, das Arbeitszeugnis mit Formulierungen abzuschließen, in denen er dem Arbeitnehmer für die geleisteten Dienste dankt, dessen Ausscheiden bedauert oder ihm für die Zukunft alles Gute wünscht (ständige Rechtsprechung des BAG, vgl. zuletzt: BAG 25.1.2022, 9 AZR 146/21).

Grund und Art der Beendigung sind grundsätzlich nur dann in das Zeugnis aufzunehmen, wenn der/die Mitarbeitende dies wünscht. Gleiches gilt für eine Tätigkeit in der MAV.

Ein gegebenenfalls gerichtlich durchsetzbarer Zeugnisberichtigungsanspruch besteht, wenn das Zeugnis wahrheitswidrige Tatsachen, ehrverletzende Werturteile oder fehlerhafte Bewertungen enthält. Die Beweislast hierfür trägt der Arbeitgeber (vgl. BAG, 14.10.2003 – 9 AZR 12/03, ZMV 6/2003, S. 301).

Vgl. ZMV 2/2021, S. 76; 1/2013, S. 14

Vgl. insgesamt Richartz, Arbeitszeugnisse in Kirche, Caritas und Diakonie, KETTELER Verlag 2021

Zusatzversorgung

Durch die Einzahlungen des Arbeitgebers (bei bestimmten Kassen auch des Arbeitnehmers) in die Versorgungskassen erwerben die Mitarbeitenden Versorgungspunkte im Verhältnis ihrer Gehälter zu einem „Referenzentgelt" unter Berücksichtigung eines Altersfaktors. Das Referenzentgelt beträgt zurzeit aus versicherungsmathematischen Gründen 1.000,– €.

Die Formel für die Zusatzversorgung lautet:

$$\frac{\text{Entgelt}}{\text{Referenzentgelt x Altersfaktor}} = \text{Versorgungspunkte (pro Zeitabschnitt)}$$

Versorgungspunkte x Messbetrag x 1 (Altersrente) = Zusatzrente

Der Messbetrag ist ebenfalls versicherungsmathematisch begründet. Er beträgt zurzeit 4,– €.

Die Versicherten erhalten einmal jährlich von den Zusatzversorgungskassen eine Mitteilung, aus der sich die bislang erworbene Zusatzrente ergibt.

Die Beiträge der kirchlichen Zusatzversorgungskassen (EZVK, KZVK Dortmund sowie KZVK Detmold) betragen zurzeit 6,0 bis 7,0 % des zusatzversorgungspflichtigen Bruttoarbeitsentgelts und werden in der Regel vom Arbeitgeber allein getragen. Dazu kommen ebenfalls vom Arbeitgeber zu tragende Sonderbeiträge, die bei den kirchlichen Zusatzversorgungskassen differieren. Mit den Sonderbeiträgen werden die aus dem früheren Gesamtversorgungssystem resultierenden Anwartschaften sowie die Umstellung des Systems auf Kapitaldeckung ausfinanziert. Die meisten Arbeitsrechtlichen Kommissionen haben dazu ergänzend von den Mitarbeitenden zu entrichtende Eigenbeiträge beschlossen, die zwischen 0,4 und 1,0 % liegen.

Die Versicherten können ihre Versorgungssituation durch freiwillige Beiträge aufstocken und dabei die steuer- und sozialversicherungsrechtlichen Vorteile des Altersvermögensgesetzes nutzen.

Vgl. unter Stichwort „Entgeltumwandlung“, S. 47 ff.

Ausnahmsweise sind kirchliche Beschäftigte über die VBL oder kommunale Versorgungseinrichtungen versichert. Für diese Versorgungseinrichtungen gelten andere Beitragssätze, die in der Regel höher sind als die Sätze der kirchlichen Kassen; das Leistungsrecht ist dagegen weitestgehend identisch.

Vgl. ausführlich ZMV 6/2017, S. 302; 4/2017, S. 202; 3/2017, S. 129; 2/2011, S. 62; 1/2011, S. 7; 6/2010, S. 290; 5/2010, S. 233

Gute Informationsmöglichkeiten bietet: www.ezvk.de.